»Wer auf den höchsten Berg
steigt, der […] erlebt endlich
nur sich selbst.«

Friedrich Nietzsche

Die Journalistin und Autorin
Britta Mentzel *reiste*
kreuz und quer durch den
Bayerischen Wald, um
die Region ganz nah zu er-
leben, dafür zog sie auch
mal Schneeschuhe an …

Um die Region aus ganz
verschiedenen Blickwinkeln
zu zeigen, scheute der
Fotograf **Ernst Wrba** *auch*
nicht vor den hohen Baum-
wipfelpfaden zurück.

Liebe Leserinnen, liebe Leser!

Allzu weit hat es Britta Mentzel, die diesen Band getextet hat, nicht von ihrem Wohnort Altomünster bis in den Bayerischen Wald. Lediglich eine 90 minütige Autofahrt muss bis Regensburg eingeplant werden. So hat sie für die Recherche zu diesem DuMont Bildatlas zehn Reisen in die Region unternommen und dabei exakt 4304 km mit dem Auto zurückgelegt. Dazu kommen 50 km, die sie gewandert ist und noch einmal 50 km Wegstrecke mit dem Rad. Viel Neues hat sie dabei entdeckt und spannende Begegnungen gehabt.

Architektur, Morde und Kulinarik

So traf sie an einem heißen Sommertag im Haus am Schedlberg (bei Arnbruck) Peter Haimerl. Der bei Viechtach geborene renommierte Architekt, der fast jedes Jahr mit bedeutenden Architekturpreisen ausgezeichnet wird, möchte die architektonischen Spuren des Bayerischen Waldes bewahren. Mit dem Haus am Schedlberg ist ihm dies glänzend gelungen (s. S. 48 ff.). Nicht minder begeistert berichtet Britta Mentzel von ihrer »Stadttour ohne Stress« durch Regensburg. Sie hat dabei viel über die bewegte Stadtgeschichte erfahren, Kulinarisches probiert und mit Inhabern und Gästen der Restaurants und Läden nett geplaudert. Regensburg war auch der Ort der Begegnung mit Sonja Silberhorn, die spannende in Regensburg und Umgebung spielende Krimis verfasst (S. 60). In vielen weiteren Gesprächen diskutierte sie mit Einheimischen über Sinn und Zweck der Einrichtung eines Nationalparks. Auch 50 Jahre nach der Gründung führt das Thema noch immer zu heftigen Gefühlsausbrüchen (S. 32 ff.).

Urwalderlebnis pur

Britta Mentzel gab die Themen vor, Ernst Wrba hat sie fotografisch eindrucksvoll umgesetzt – und kam dabei vermutlich noch auf mehr als die oben erwähnten 4304 km. Auch er war nicht selten zu Fuß unterwegs, schließlich ließen sich viele Ziele nur so erreichen. Und nicht alle Touren waren so kurz wie der Urwalderlebnisweg bei Zwiesel. Die sog. Dicke Tanne sieht nur eindrucksvoll aus, wenn jemand daneben steht. Da gerade niemand vor Ort war, hat sich der Fotograf kurzerhand selbst neben dem Baum postiert (S. 38).
Herzlich

Ihre

Birgit Borowski

Birgit Borowski
Programmleiterin DuMont Bildatlas

Impressionen

Der Nationalpark

Der Norden und Straubing

Regensburg

UNSERE FAVORITEN

B E S T   O F …

DuMont
Aktiv

G e n i e ß e n E r l e b e n E r f a h r e n

Topziele

Die bedeutendsten Sehenswürdigkeiten der Region und Erlebnisse, die Sie auf keinen Fall versäumen sollten, haben wir auf diesen Seiten für Sie zusammengestellt. Auf den Infoseiten ist das jeweilige Highlight als **TOPZIEL** *gekennzeichnet.*

ERLEBEN

1 Großer Rachel: Die Wege am höchsten Berg des Nationalparks führen durch eine faszinierende Welt des Werdens und Vergehens. **Seite 37**

2 Tierfreigelände Lusen: Am Nationalparkzentrum Lusen leben die einst heimischen Tiere in riesigen Gehegen: Luchs, Wolf, Bär, Wisent. **Seite 37**

3 Baumwipfelpfad bei Neuschönau: Das 44 Meter hohe Baum-Ei und der Wipfelpfad zeigen die Natur aus ungewohnter Perspektive. **Seite 37**

4 Schwarzer Regen: Im Kanu offenbart sich die Schönheit und Stille von „Bayerisch Kanada" zwischen Teisnach und Viechtach. **Seite 83**

NATUR

5 Höllbachgspreng: Unterhalb des Großen Falkensteins zwängt sich der Höllbach durch enge Felsen und eine urwüchsige Natur. **Seite 37**

6 Rißlochfälle: Nahe bei Bodenmais stürzen die höchsten Wasserfälle des Bayerischen Waldes über mehrere Kaskaden. **Seite 55**

KULTUR

7 Gäubodenmuseum in Straubing: Eine Schatzkiste für römische Funde und ein offenes Geschichtsbuch für die Stadt und ihre Umgebung. **Seite 55**

8 Steinerne Brücke in Regensburg: Ein Meisterwerk der Architektur und ein Muster an Beständigkeit – die alte Donaubrücke. **Seite 69**

9 Rinchnach: Im Jahr 1019 geweiht, 1727 im Innern zum Oval gestaltet – die Kirche St. Johannes der Täufer ist reine Harmonie. Der junge Johann Michael Fischer zeigte hier schon sein ganzes Können. **Seite 83**

10 Steinwelten in Hauzenberg: Das Granitmuseum Hauzenberg erweckt die Mineralien des uralten Mittelgebirges zum Leben. **Seite 98**

11 Passauer Dom: Barock von seiner schönsten Seite: Die Bischofskirche St. Stephan – an der höchsten Stelle der Altstadt stehend, gut 13 Meter über den Flussufern – krönt die Dreiflüssestadt Passau. **Seite 111**

Rauschend durch
das dichte Grün

Zwischen Viechtach und Teisnach, in der Mitte
der Region, geht es kilometerweit auf dem
Schwarzen Regen durch „Bayerisch Kanada"
(oder Klein-Kanada). Der Name erschließt sich
auf den ersten Blick – wildromantisch reichen
die dichten Wälder bis an den dahinströmenden
Fluss heran.

Entspannt am wasserreichen Inn

Die Passauer kann, so scheint es, nichts und niemand von ihrer Halbinsel vertreiben. Und der Gedanke an die regelmäßig auftretenden Hochwasser liegen am Ufer des sommerlich träge dahintreibenden Inns sowieso fern. Vielleicht schützt sie auch eine über Jahrhunderte antrainierte Katastrophen-Resilienz, ganz sicher aber die Liebe zu einer Stadt, die immer nur schöner wurde. Den Italienern sei Dank, die hier als Baumeister wirkten.

Endlich durchatmen!

Sanft gibt sich die Landschaft im Lamer Win-
kel, nicht weit von der tschechischen Grenze
und nahe am Großen Arber und Großen Osser.
Der Blick öffnet sich hier weit übers Land. Die
Region ist ein ideales Revier für Wander- und
Radtouren.

Zwischen Mandelduft und Stimmengewirr

Der Duft von gebrannten Mandeln in der Luft, das Blinken der Lichter an den Fahrgeschäften im Augenwinkel – das Gäubodenvolksfest in Straubing bietet alles, was Rummel oder Kirmes versprechen. Bayerns zweitgrößtes Volksfest lockt im August entsprechend viele Menschen an – und ist eine gute Gelegenheit, auch fern der Münchner Wiesn Dirndl und Janker aus dem Schrank zu holen.

Gewaltig und doch voller Eleganz

Es musste viel Wasser die Donau hinunter-
fließen, bis sich die Gemüter von Busnutzern wie
Autofahrern beruhigt hatten: Im 21. Jahrhundert
dürfen nur noch Fußgänger und Radfahrer die
Steinerne Brücke nutzen, um den Fluss zu über-
queren. Sie gelangen so aus Regensburgs Altstadt
nach Stadtamhof – und vice versa.

Restaurants in feiner Lage

Beste Aussicht

Die Auswahl an Restaurants lässt quer durch die Region keine Wünsche offen – und oft gibt es das besonders schöne Panorama obendrauf. Dafür empfehlen sich vom Bogenberg bis an den Arbersee die folgenden Adressen, etliche davon stellen auch anspruchsvolle Genießer zufrieden.

1 Wild auf den Berghof

Wenn die Hirsche majestätisch durch die Landschaft ziehen und sich höchstens nach den Kindern umsehen, die Gänseblümchen durch den Zaun stecken – das hat etwas Erhebendes. Gleiches gilt für die Terrasse am weiß getünchten Berghof Buchet mit den grüngrauen Fensterläden, der über dem größten Hirschwild-Reservat des Naturparks Bayerischer Wald thront und frische Wildgerichte zur Aussicht serviert.

€ Wildberghof Buchet, Buchet 2, 94505 Bernried, Tel. 09905 2 48, www. wildberghof-buchet.de

2 Bereit für Überraschungen

Die Gerichte hochgelobt, die Stadtansicht mit dem Dom St. Stephan kaum zu überbieten: Im Passauer Restaurant Culinarium am Innufer konkurrieren Einheimische wie Besucher an warmen Sommertagen um die Gartenplätze – und im Winter um die Tische unterm Gewölbe. Deshalb am besten vorher reservieren und sich von Margit Meindls mediterraner Küche und Abdelmonaam Bounagras Service überraschen lassen.

€€ Culinarium, Lederergasse 16, 94032 Passau, Tel. 0851 98 90 82 70, www.culinarium-passau.de

3 Heiß auf eine Abkühlung

Selbst an schwülen Sommertagen ist es am Ufer des Großen Arbersees auf 935 Metern Höhe angenehm – und da hier das Sonnenbaden wie das Schwimmen untersagt sind, begnügt man sich lieber gleich mit einer Tretbootfahrt und einer steinkrugkühlen Buttermilch zum Arberseepfandl auf der Terrasse. Das Arberseehaus entstand 2017/18 nach alten Plänen neu, der Blick auf den Karsee und die Seewand ist unverändert herrlich.

€ Arberseehaus, Arbersee 42, 94252 Bayerisch Eisenstein, Tel. 09925 90 20 03, http://arberseehaus.de

4 Für laue Abende wie geschaffen

Im Bayerischen Wald bedeutet Panorama zumeist: Blick auf Berge. Der Gasthof „Zur schönen Aussicht" steht für den atemberaubenden Blick in die Ebene. Wie eine Theaterloge erhebt sich der 405 Meter hohe Bogenberg über die Donau, unter sich die Landschaft des Gäubodens, am Horizont die Alpen. Die „Schöne Aussicht" gibt die Terrasse, den Stuhl und das Lammhaxerl oder die frischen Pfifferlinge dazu.

€€ Zur schönen Aussicht, Bogenberg 6, 94327 Bogen, Tel. 09422 15 39, www.bogenberg.com

5 Bodenständig in der Bauernstube

Seit mehr als 250 Jahren steht der Gidibauer, aus Granit gebaut, auf der grünen Wiese – heute zählt er zu den besten Landgasthöfen Deutschlands. Der Titel stammt noch von einem Vorfahren namens Ägidius. Von der Terrasse geht der Blick in den grünen Innenhof – und auf einen der schönsten Vierseithöfe im Bayerwald.

€ Gidibauer Hof, Grub 7, 94051 Hauzenberg, Tel. 08586 9 64 40, www.gidibauer.de

7 Angetan vom Ambiente

Das Schöne an Landpartien ist die Rückkehr in die Stadt – am besten in die Großstadt, schwedisch *storstad*. Die Crew um Anton Schmaus hält Großstadt ohnehin eher für eine Geisteshaltung als für eine Frage der Einwohnerzahl. Den Vergleich mit edlen Lokalen in Metropolen braucht das Restaurant mit der schicken Terrasse über den Dächern Regensburgs nicht zu fürchten: Lage, Ambiente, Menüs, Weine – alles Weltklasse.

€€€€ Storstad Regensburg, Watmarkt 5, 93047 Regensburg, Tel. 0941 59 99 30 00, http://storstad.de

8 Begeistert vom Blick

Perlesreut ist kein Ort, der mit Attraktionen protzt. Das Hafner Wirtshaus liefert zwei Gründe dafür: Weil schon die Umgebung von der hohen Terrasse so wunderschön ist, etwa an einem goldenen Maiabend – und weil es das Hafner gibt. Dort kocht Monika Ratzinger-Hafner frisch, regional, saisonal und einfallsreich. Beispielsweise Salat mit Sülze vom Schweinebäckchen oder Forellenfilet mit roten Linsen.

€€€ Hafner Wirtshaus, Marktplatz 17, 94157 Perlesreut, Tel. 08555 6 99, www.hafner-wirtshaus.de

9 Gespannt auf die Sterne- küche

Im Johanns ist absolut alles bestens: die Lage im fünften Stock des Modehauses Garhammer, die Aussicht auf die Hügel, das edle Ambiente, die Küche von Sternekoch Michael Simon Reis. Der kocht hochwertig und kreativ und findet zudem liebevolle Darbietungsformen – hauchdünnen Schinken über ein kleines Reck gelegt oder den Bayerwald-Granit, ein Stück geaschtes Eis, als köstlichen Nachgang.

€€€€ Johanns, Marktplatz 24, 94065 Waldkirchen, Tel. 08581 2 08 20 00, www.restaurant-johanns.de

6 Warten auf den Sonnenuntergang

Der Begriff Alleinlage trifft es genau: Der Berggasthof *ist* Zottling – und ringsum, westlich von Regen, sorgt außer der Natur des Altnachtals wenig für Ablenkung. Das haben vielleicht schon die Bewohner des Bergbauernhofs im 16. Jahrhundert so empfunden, obwohl sie sicher auf den Zander vom Grill oder das frische Rinderfilet verzichten mussten. Heute hat sich die mehrfach prämierte Wirtshausküche auf feine, regionale Speisen spezialisiert. Als Sundowner schmeckt wenigstens ein Gin der Marke Liebl Bavarian Dry Gin auf der Terrasse. Auch er ein regionales Produkt – die Edelbrennerei Liebl steht in Bad Kötzting.

€€ Berggasthof Zottling, Zottling 1, 94265 Patersdorf, Tel. 09929 9 59 00, www.berggasthof-zottling.de

Zurück zum Gleichgewicht

Im Oktober 1970 gegründet, ist der Nationalpark Bayerischer Wald der älteste Nationalpark Deutschlands, mit 24 200 Hektar Fläche zählt er zu einem der größten. Vieles, was auf seinem Gebiet erstmalig stattfand, gehört inzwischen zum Standard – vor allem das Prinzip „Natur Natur sein lassen". Eine Wanderung zu den Wurzeln des Nationalparks.

Um den Rachelsee – in einem Gelände, das seit jeher keine Nutzung zuließ – finden sich letzte Urwaldrelikte.

Ein schönes Ausflugsziel vom Nationalpark aus sind der Große Arbersee und das Arberseehaus.

„Ich sah den Wald im Sonnenglanz / Vom Abendrot beleuchtet / Belebt von düstrer Nebel Tanz / Vom Morgentau befeuchtet …"

Emerenz Meier

Es rieselt, raschelt, trieft. Von Blatt zu Blatt fallen Tropfen, rinnen von Stämmen. Nebelschwaden dimmen das Licht und schlucken die Geräusche; im Regen wirkt der Nationalpark wie verzaubert. Der Wald am „Buntspechtweg" Richtung Felsenkanzel und Rachelkapelle sieht alle 50 Meter anders aus – mal steht er in Reih und Glied, als sei er noch Forst, dann stürzt alles in ein einziges Durcheinander: Dicke Stämme in allen Stadien des Verrottens liegen übereinander, manche hängen noch am Wurzelballen. Dazwischen lugt frisches Grün hervor, Buchen, Ebereschen, Fichten, Tannen. Auf den Stämmen wachsen Pilze, ein Bach gluckert unter morschem Holz. Im ehemaligen Staatsforst am Rachel wächst der Wald, ohne dass der Mensch eingreift. Nur wenn sterbende Bäume auf Pfade und Wanderer zu kippen drohen, kommt die Säge zum Einsatz. Schieben sich vor Panoramapunkten wie der Felsenkanzel Bäume in den Blick, dann ist das eben so und kein Grund für Parkkosmetik.

Urwald im Nebel

An der Rachelkapelle schluckt Nebel die Aussicht. Unmittelbar unter dem Felsabsatz fällt das Gelände steil ab. Genauso dicht müssen die Wolken gewesen sein, als Ludwig Leythäuser 1885 hier durch den Wald ritt. Sein Pferd scheute und bewahrte den Forstmeister vor dem Absturz. Als sich der Nebel verzog, erkannte der Gerettete sein Glück und ließ später die kleine Holzkapelle errichten.

An klaren Tagen geht hier der Blick auf den einzigen natürlichen See im Nationalpark, den Rachelsee. Im Karsee sammelte sich nach der letzten Eiszeit das Schmelzwasser des Rachelgletschers. Urwaldrelikte, wie sie hier noch zu finden sind, haben sich auch im HansWatzlik-Hain, am Höllbachgspreng und im Gebiet Mittelsteighütte (nahe Zwieslerwaldhaus) erhalten.

Stille Helfer im Wald

Das Wegenetz durch den Nationalpark misst über 350 Kilometer, allein zwischen Falkenstein und Lusen ist die Auswahl enorm. Es bestehen Rundwanderwege, gekennzeichnet durch Tiersymbole auf gelbem Grund, es gibt den Goldsteig und Wanderlinien, die mit Pflanzensymbolen markiert sind. In der Kernzone des Nationalparks herrscht ein strenges Wegegebot, wer sich hier ins Dickicht schlägt, ist doppelt schlecht beraten: wegen der Möglichkeit, seltene Tier- und Pflanzenarten zu (zer-)stören oder/und erwischt zu werden. Derzeit arbeiten 26 Ranger und Rangerinnen als Ansprechpartner im Park und nehmen

Das Gebiet um den Großen Rachel, den zweithöchsten Berg des Bayerischen Waldes, lässt sich wandernd wunderbar erschließen, …

… unterhalb des Berges bietet das Waldschmidthaus genaue Infos und stärkt mit deftiger Brotzeit.

Baden im Großen Arbersee ist nicht gestattet – aber auf den sonnengewärmten Planken des Holzstegs am Arberseehaus lässt es sich gut etwas verweilen.

Der Natur kommt man beim Radfahren am Großen Filz bei Sankt Oswald nahe wie auch im Haus zur Wildnis bei Ludwigsthal.

Das mächtige Baum-Ei ist Teil des Baumwipfelpfades im Naturparkzentrum Lusen, der unmittelbar durch Buchen, Tannen und Fichten führt.

Eher mühsam, aber spektakulär ist der Weg über die Himmelsleiter zum Lusen hinauf. Sie führt durch den nachwachsenden jungen Wald bis zum Gipfel.

Unterhalb der
Rachelkapelle fällt
das Gelände jäh zum
Rachelsee hin ab.

> „Wandrer, steh' und
> bet' für mich – ich
> glaub', wir brauchen's,
> du und ich; zum Dank
> dafür tu ich dir kund,
> zum Rachel sind's
> dreiviertel Stund'."

Text auf einem Totenbrett

pädagogische Aufgaben wahr. Außerdem unterstützen sie die Arbeit der Forscher, etwa indem sie lauschen, wo noch die Ringdrossel singt, wenn sie das Mulmhöhlensubstrat aus Spechthöhlen untersuchen oder dabei helfen, junge Habichtskäuze zu beringen. Die puscheligen Eulen brauchen tote Bäume zum Nestbau. Nach ihrer Wiederansiedlung nahmen sie zuerst mit Nistkästen vorlieb, doch seit 2011 brüten sie auch wieder in Stämmen. Wenn die Vögel zwei Mal wiederkommen, gilt die Ansiedlung als geglückt.

Wildtiere, bedingt willkommen

Beim Luchs, dem „Wappentier" des Bayerischen Waldes, stagnierte der Bestand über Jahre, derzeit scheint es mit 29 erwachsenen frei lebenden Tieren im gesamten Grenzgebiet langsam bergauf zu gehen. Wie der Wolf hat er skrupellose Feinde. Vor einigen Jahren legte ein Luchs-Gegner die abgeschnittenen Pfoten eines Tiers nahe der Fotofalle eines Luchs-Forschungsprojekts ab. Im großen Freigelände am Lusen leben und vermehren sich Arten, die früher durch den Böhmerwald streiften: Wisente, Elche und Bären. Mehr als 50 Jungtiere kamen 2018 im Tiergehege zur Welt.

Die Ankunft der Zitronengelben Tramete bejubeln natürlich nur Exper-

ten. Der grelle Pilz, ein Porling, gilt als Gradmesser der Verwilderung. Ideale Bedingungen findet er erst ab 144 Kubikmetern Totholz pro Hektar. Reichlichen Nachschub hat ihm über Jahre der Borkenkäfer verschafft.

Nur etwa fünf Millimeter groß, vernichtet der Käfer im Wirtschaftswald Holzwerte in Millionenhöhe. Wo sich der Buchdrucker, wie er wegen seiner Larvengänge in der Rinde auch genannt wird, durch geschwächte Monokulturen frisst, bleiben kahle Fichtenstämme zurück. Rings um den regennassen Zauberwald, im Falkenstein-Rachel-Gebiet, waren die Verluste erheblich, 2010 lag der Käferholzanfall bei 150000 Festmetern, 2018 schrumpfte der Wert auf ein Fünftel. Vor allem unterhalb der Himmelsleiter am Lusen, die schnurgerade zum Gipfel auf 1373 Meter führt, zeigt sich das Ausmaß der Zerstörung – und auch die Kraft des Neubeginns der nachwachsenden Natur.

50 Jahre und einige Phasen

Schädlingskalamitäten begleiten die bewegte Geschichte des Nationalparks durch mehrere Phasen (s. auch DuMont Thema). Bis zur Eröffnung 1970 dauerte die euphorische Gründungszeit; im nächsten Abschnitt, den Aufbaujahren, reduzierte man den Holzeinschlag,

Winter Wonderland Bayerischer Wald: An sonnigen Wintertagen kontrastieren weißer Schnee und blauer Himmel am Großen Arber und die Alpengipfel scheinen zum Greifen nah.

Schnee, Eis und Wind haben die Bäume auf der Höhe dick ummantelt.

Oben: Fern des lebhaften Skibetriebs am Großen Arber lässt sich winterliche Ruhe bei Schneeschuhwanderungen erleben.

Rechts: Der Luchs ist kaum wahrnehmbar in seiner natürlichen Tarnung. Und auch der scheue Wolf (unten) wird nur sehr selten im Nationalpark Bayerischer Wald gesichtet.

regulierte den Wildbestand und weckte erste Widerstände. Ein Paradigmenwechsel bestimmte die 1980er-Jahre, man unternahm wichtige Schritte zum Prozessschutz, also dem Konzept des Nichteingreifens in die natürlichen Abläufe im Wald. Ende der 1990er-Jahre erreichte das Absterben der Fichten in den Hochlagen von Rachel und Lusen einen Höhepunkt, der Protest auch. Kompromisse verschafften beiden Lagern Entlastung, wie etwa der Plan, erst 2027 auf 75 Prozent der Parkfläche den Prozessschutz zu etablieren. Die Konsolidierungsphase kennzeichnet eine wachsende Annäherung: Ein neues Besucherzentrum in Ludwigsthal entsteht, der Baumwipfelpfad von Neuschönau lockt Besucher an, nachwachsender Wald überzieht die Hänge und scheint das Konzept der Nichteinmischung zu bestätigen: 2018 galt das Prinzip für 69 Prozent der Nationalparkfläche in der 16 000 Hektar großen Naturzone.

Der Blick nach vorn

Für die Ranger der jungen Generation wie die 27-jährige Kristin Biebl steht dieses Konzept außer Frage. Sie hat in München Sprachen studiert, doch stärker als die Lust auf die Fremde war die Sehnsucht nach der Natur ihrer Heimat. Sie arbeitet von der Rangerstation am Bahnhof von Spiegelau aus, begleitet

Nachwachsender Wald überzieht die Hänge mit frischem Grün.

Forschergruppen vieler Nationen und unternimmt regelmäßige Kontrollgänge im Wald. Immer mit dabei ist ein langer Holzstecken mit Metallspitze, mit der sie vereinzelten Müll aufsammelt. Es fasziniert sie die Vielfalt der Lebensräume: Bergfichtenwälder stehen in Hochlagen, Bergmischwald bedeckt die sonnigeren Hänge, es gibt Hochmoore und waldfreie Schachten und den Aufichtenwald in feucht-kühlen Tallagen.

Eine ausgedehnte Fahrradtour kann vom Großen Falkenstein (oben) im Norden des Nationalparks aus das Tierfreigelände Neuschönau am Nationalparkzentrum Lusen im Süden (Mitte, unten) zum Ziel haben. Lohn der Mühe sind mit etwas Glück dort Begegnungen mit Haselhuhn und Rotwild.

In dem recht unwegsamen Gelände des Höllbachgsprengs ist eine Hütte wie diese am ehemaligen Triftteich für eine Brotzeit sehr willkommen.

Rechts: Glas und seine
Herstellung ist das große Thema
in der Region um Frauenau.
Die Glasmanufaktur Freiherr
von Poschinger ist spezialisiert
auf Sonderanfertigungen nach
Kundenwunsch.

Die lange Tradition der Glaskultur
auf internationaler wie regionaler
Ebene und bis in die heutige Zeit
hinein hat das Glasmuseum in
Frauenau (links, unten) im Blick.

Die „Glasarche II" von Ronald Fischer erinnert in Frauenau an das Kunstprojekt „Glasarche": Ein Schiff aus Glas sorgte einst in der Grenzregion zu Tschechien für Diskussion und Begegnung.

Totenbretter

Rustikaler Respekt

Ein besonderer Bayerwaldbrauch: das Gedenken an die Verstorbenen auf Totenbrettern. Manche Inschriften fallen erstaunlich heiter aus.

Das Leben im Bayerwald war in vergangenen Jahrhunderten oft kein Vergnügen, das Sterben auch nicht. Wer arm verschied, wurde statt im Sarg auf einem Brett aufgebahrt und nach der dreitägigen Totenwache auf dieser schmalen Unterlage zum Friedhof gebracht. Dort ließ man den Toten „vom Brettl" in die Grube rutschen, legte manchmal das Brett darüber, nahm es aber zumeist mit und übergab es dem Schreiner.

Der setzte Namen, Lebensdaten und den Beruf darauf und vielleicht, wenn eine Frau starb, eine Blume oder, bei Kindern, Engel – zuweilen aber auch herzhafte Sprüche auf Kosten des werten Verstorbenen. Mal ging es um Trinkgewohnheiten, mal um Arbeitsscheu oder die Leibesfülle: „Hier ruht Theres Gschwendtner,

Auf Holz bewahrte Erinnerung in Bodenmais

sie wog zweieinhalb Zentner. Gott gebe ihr in der Ewigkeit nach ihrem G'wicht die Seligkeit."

Im Umkreis von rund 100 Kilometern finden sich die Bretter im nördlichen Bayerischen Wald, gewissermaßen als endemische Kulturdenkmäler. Sie stehen etwa in Arrach, in langer Reihe bei der Liebfrauenkapelle von Arnbruck, in Sankt Englmar oder bei Brennes. Familien schmücken noch heute ihre Höfe mit den Brettern.

Die Frage, ob der Wald heute gesünder ist als vor 50 Jahren, bejaht Nationalparkleiter Dr. Franz Leibl: „Der Weg vom Kulturwald zum Naturwald ist deutlich erkennbar." Rund um die Urwaldrelikte im Park weiten sich immer mehr Flächen zur Wildnis aus, den Wert von Totholz, unter dem junger Wald heranwächst, habe man viel zu lange unterschätzt. „Der Rest Europas blickt anerkennend auf die Struktur unseres Waldes, auf sein Alter und die Urwaldentwicklung", sagt Leibl.

Vom Wert des Waldes

Auch der Ausgleich mit den touristischen Interessen gelinge: „Die Kunst liegt darin, die störsensible Natur zu erhalten und zugleich den Menschen ein maximales Naturerleben zu geben" – das, wonach sich ein Großteil der Gäste sehnt. 95 Prozent der Besucher kommen, um in der Natur Kraft zu schöpfen; jeder zweite ist ein typischer Nationalparktourist und 22 Prozent würden gar nicht erst anreisen, wenn es den Park nicht gäbe.

Doch so wichtig die Wertschöpfung durch den Fremdenverkehr ist, auf Wanderungen im Nationalpark wird eines überdeutlich, vielleicht besonders an den regenverhangenen Tagen: Wir atmen durch im Wald und finden Ruhe; der Wald aber braucht uns nicht.

NATIONALPARK

Der harte Weg zum Vorbild

Das muss man erst mal schaffen: 50 Jahre alt sein und immer noch Kontroversen auslösen. Denn auch wenn die Zustimmung heute überwiegt, sorgt der Nationalpark in der Region nach wie vor für Diskussionen. Andernorts hat er längst Vorbildcharakter.

Im Nationalpark darf die Natur Natur sein.

Im Bayerischen Wald gibt es einen Punkt, zu dem wirklich jeder eine Meinung hat – ob die Einrichtung des Nationalparks eine gute Idee war oder eher nicht. Egal, wen man fragt, den Forstbesitzer wie die Erzieherin, die nebenher als Fremdenführerin arbeitet, den pensionierten Gemeindemitarbeiter oder den Hotelier – die Überzeugungen sprudeln nur so hervor. Ob sich das die Gründerväter des Parks, denn es waren ausschließlich Männer, Ende der 1960er-Jahre hätten träumen lassen?

Eine Idee wächst mit

Tatsache ist: Hubert Weinzierl, Vorsitzender des BUND, der bayerische Landwirtschaftsminister Hans Eisenmann und der Gründungsdirektor Hans Bibelriether haben Großes gewagt – im wörtlichen wie im übertragenen Sinne. Kein deutscher Nationalpark bedeckt mehr Landfläche, und kein Park hat eine derart weitreichende Wirkung auf nachfolgende Projekte in Deutschland wie

international. Sein im Laufe der frühen Jahre entwickeltes Prinzip „Natur Natur sein lassen" ist inzwischen Goldstandard, und wer heute wissen will, wie ein noch junger Park in ein paar Jahrzehnten aussehen könnte, der findet im Bayerischen Wald (standortbedingte) Antworten.

Eine Wanderung durch die Kernzone macht staunen: Hier wächst, reift und stirbt ein freier Wald. Die wenigsten dürften diesen natürlichen Prozess in seiner vollen Bandbreite zwischen Werden und Vergehen zuvor je so unmittelbar neben-, über- und durcheinander gesehen haben,

wie er sich in der Kernzone zeigt – vielleicht sind es also eher unsere Sehgewohnheiten, ausgerichtet an „aufgeräumten" Wäldern, die man hinterfragen muss, wenn einen dieser Anblick verstört.

Viele Menschen im Bayerwald, die vermutlich alle ein wenig Borke und Harz in ihrer DNA haben, konnten anfangs diese als Tatenlosigkeit missverstandene Nichteinmischung nur schwer nachvollziehen. Und: Es hat ihnen vor 50, 35 und auch noch vor 20 Jahren wohl keiner hinreichend Gründe und Konsequenzen klargemacht.

Oben: Die stärksten Emotionen verknüpfen sich seit jeher mit dem Buchdrucker. Der gefräßige Schädling darf sich ungehindert in der Naturzone tummeln.

Links: Ranger und Rangerinnen teilen ihre Beobachtungen bei Führungen mit den Gästen.

Zauberwort Kommunikation

Aus jenen Fehlern hat man gelernt. An der von Franz Leibl, Leiter der Nationalparkverwaltung in Grafenau, beschworenen Transparenz habe es lange gehapert, beklagen Kritiker, die sich vor der Parkerweiterung 1997 zu einer lautstarken Lobby formierten.

Ohne heute noch einen künstlichen Gegensatz zwischen Nationalpark und Wirtschaftswald aufbauen zu wollen, meint Frank von Schnurbein, Besitzer des Forstguts in Schlossau bei Regen, dass vielen Forstwirten das Herz blute, wenn sie zusehen müssen, wie der Rohstoff

„Es werden ja Entwicklungen in Gang gesetzt, die wir selbst nicht kennen. (…) Da ist Transparenz unabdingbar."

Franz Leibl

Die Sorge, Touristen würden durch die Baumskelette abgeschreckt, bewahrheitete sich nicht. Und sie finden schon wieder junges Grün an den toten Stämmen.

ihrer Existenz im Kerngebiet ungenutzt verrottet. Schließlich hätten vor allem Waldbauern die Kulturlandschaft Bayerischer Wald geprägt. Außer um die Tradition gehe es auch um die langfristige Perspektive, denn wer heute eine neue Waldgeneration begründe, sichere damit das Auskommen seiner Enkel.

Fakten & Informationen

Stimmung in Zahlen
Das wichtigste Ergebnis einer Akzeptanzstudie der Universität Würzburg von 2018: Die Zustimmungsquote zum Nationalpark unter den Einheimischen wächst. Lag die Akzeptanz 2007 noch bei 76,5 Prozent, betrug sie 2018 fast 86 Prozent.

Nationalparkzentren
Nationalparkzentrum Lusen: Hans-Eisenmann-Haus, Böhmstraße 39, 94556 Neuschönau, s. S. 37
Nationalparkzentrum Falkenstein: Haus zur Wildnis, Eisensteiner Straße 20, 94227 Ludwigsthal

www.nationalpark-bayerischer-wald.bayern.de

Im ehemaligen Staatsforst wiegen Rentabilitätsargumente naturgemäß weniger schwer. „Wer den Wald nur ökonomisch sieht, kommt mit den Entwicklungen im Nationalpark nicht so gut klar", sagt Franz Leibl. Statt von Borkenkäferplage spricht er von „Borkenkäferaktivität", die den Wald nicht zerstöre, sondern gestalte. Wald ist eben nicht gleich Wald.

Kleiner Käfer, große Aufregung
Die Stürme Vivian und Wiebke 1990, Kyrill 2007 und Mikel 2011 mähten hektarweise Bäume um und sorgten beim Borkenkäfer für Nahrungsnachschub – ein Schneeballsystem. Scheinbar. Denn es hat sich herausgestellt, dass die Käferplage in Wellen kommt. Selbst in den jüngsten Hitzesommern gab es im sich selbst überlassenen Kerngebiet des Nationalparks keine so weite Ausbreitung der Borkenkäfer wie in den Wirtschaftswäldern. Nachdem die Welle vom Nationalpark auf die Forste herübergeschwappt war, verläuft es zumindest jetzt oft andersherum – auch weil es den privaten Waldbesitzern zuletzt kaum gelang, das befallene Holz schnell genug aus dem Wald zu holen. Manche leiten daraus den Vorwurf ab, die Nationalparkverwaltung kümmere sich zu wenig um den Schutz der umliegenden Privatwälder. An diesem Grundkonflikt reiben sich die Parteien bis heute, schlagen aber längst versöhnlichere Töne an.

Frank von Schnurbein stellt etwa fest, dass es sich um eine „Blickwinkeldiskussion" handelt: „Man sollte die Seiten nicht gegeneinander ausspielen." Natürlich ließe sich der Prozess nicht zurückdrehen, aber vor Glorifizierungen der neuen Wildnis wie vor einfachen Feindbildern sollte man absehen.

Es bleibt spannend
Nach vielen Gesprächen mit Einheimischen zeichnen sich drei Linien ab: Wer beruflich im Forst zu tun hat, steht der Einrichtung oft kritisch gegenüber. Ältere haben eher Vorbehalte als jüngere Menschen. Und auch die Bildung spielt eine Rolle beziehungsweise die Neigung, zweifelhaften Informationen zu glauben.

Seit 2015 wurden im Nationalpark durchschnittlich 1,3 Mio. Besuche pro Jahr gezählt. Das ist gerade noch so viel, wie der Wald verkraftet, meint Franz Leibl, Leiter der Nationalparkverwaltung.

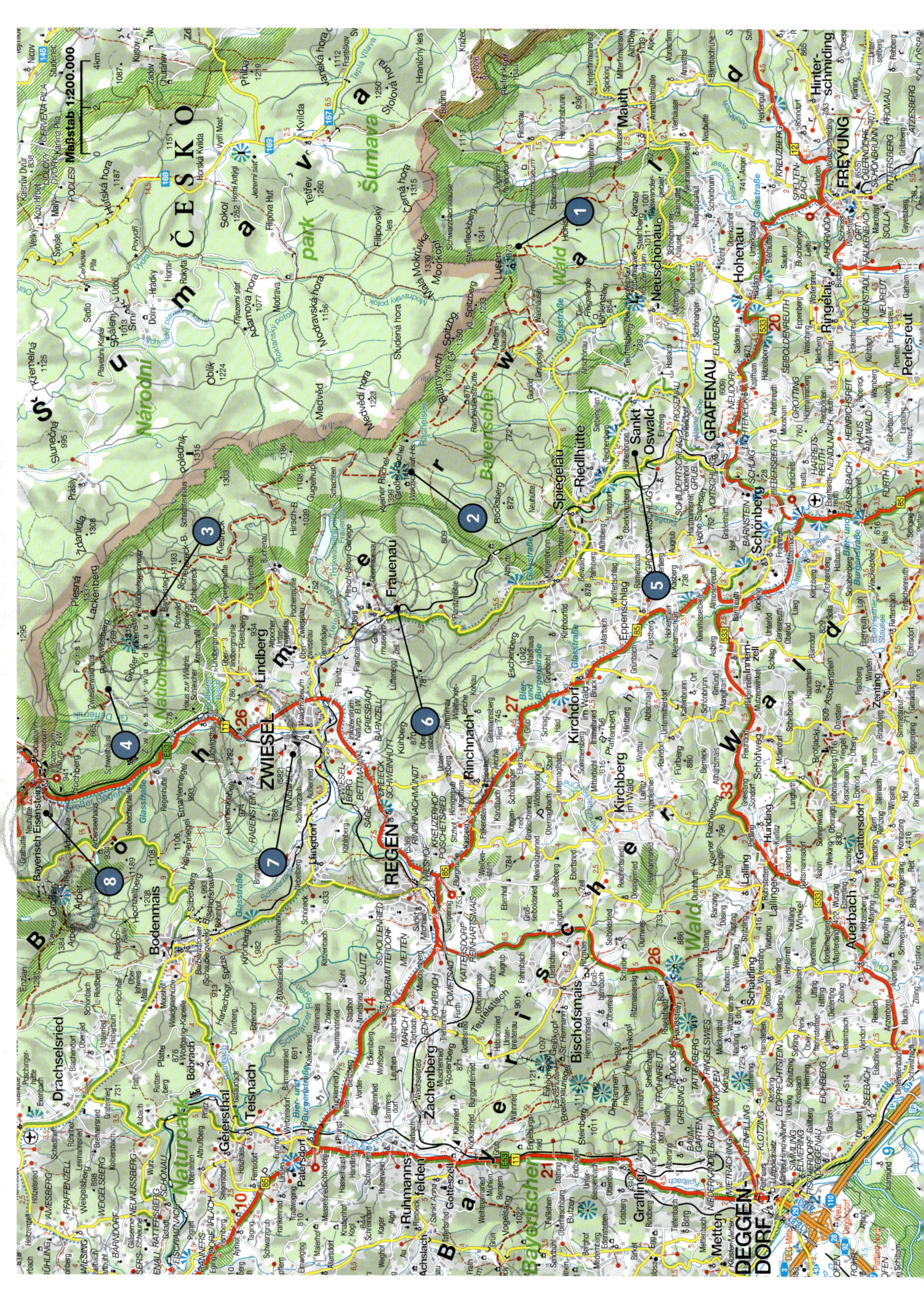

Von Natur aus schön

Der möglichst wenig angetastete Wald ist die größte Attraktion im Nationalpark, der vom Tierfreigelände bis zum Baumwipfelpfad viele zusätzliche Besuchsziele geschaffen hat. Doch auch die Orte ringsum, allen voran Zwiesel und Frauenau, haben einiges zu bieten – wie die lange Glashüttentradition.

❶ – ❹ Nationalpark

Am 7. Oktober 1970 begann ein Experiment, das bis heute anhält: Der Nationalpark wurde gegründet. Nach einer Erweiterung nimmt er nun über 24 000 ha Fläche ein. Ein knappes Viertel aller in Deutschland vorkommenden Baumarten findet sich auch im Nationalpark.

SEHENSWERT
Am höchsten ragt der ❷ **Rachel** **TOPZIEL** mit 1453 m auf, gefolgt vom ❶ **Lusen** und dem ❸ **Großen Falkenstein** (1315 m). Der **Lusen** (1373 m) hebt sich aus mehreren Gründen ab: Auf dem Gipfel des Grenzbergs findet sich ein Blockmeer, auf dem Weg zur Himmelsleiter lassen sich die Veränderungen nach dem Borkenkäferbefall gut beobachten. An seiner östlichen Flanke erstreckt sich das zauberhafte **Lusenbachtal** (Luzenské údolí). Zu den tiefer gelegenen Attraktionen des Parks gehören die Filze und Schachten, besonders schön sind das Hochmoor Schluttergasse bei Frauenau, auch **Latschenfilz** genannt; zudem die älteste und größte Alm, der ❹ **Ruckowitzschachten** bei Zwieslerwaldhaus, sowie das Urwaldgebiet um das **Höllbachspreng** **TOPZIEL** am Großen Falkenstein. Der älteste Baum im Park, eine 1000-jährige Eibe, wächst am **Falkenstein.**

ERLEBEN
Das **Hans-Eisenmann-Haus** im **Nationalparkzentrum Lusen** (s. DuMont Thema Nationalpark) zeigt die Dauerausstellung „Wege in die Natur". Vor seiner Tür wird die Theorie im **Tierfreigelände** **TOPZIEL** Praxis: Auf über 400 ha leben ursprünglich heimische Wildtiere wie Luchs, Wolf, Wisent, Habichtskauz und Bär; ein ganzjährig zugänglicher, 7 km langer Rundweg erschließt das Areal. Der **Baumwipfelpfad** **TOPZIEL** in der Nähe bricht Rekorde: 1300 m lang, 44 m hoch, besucht von knapp 200 000 Menschen im Jahr. Bis zum Baum-Ei führt der barrierefreie Bohlenweg über den Bergmischwald (Neuschönau, www.baum wipfelpfade.de, Mai–Sept. 9.30–19.00, April/Okt. bis 18.00, Nov.–März bis 16.00 Uhr). Ein Netz von so viel wie nötig und so wenig wie möglich geräumten **Wanderwegen** durchzieht das Kerngebiet und die Randzone des Nationalparks, etliche sind zertifiziert, die

Kristallklares Wasser im Höllbachspreng (o.), scheuer Schwarzstorch in Neuschönau (re. o.), Stille im Hochmoor Latschenfilz (u.)

Kennzeichnung über Tier- und Pflanzensymbole ist schnell zu erfassen. Das Wegegebot des Nationalparks gilt auch für Radfahrer auf rund 200 km ausgewiesenen Strecken.

INFORMATION
Nationalparkverwaltung Bayerischer Wald, Freyunger Straße 2, 94481 Grafenau, Tel. 08552 9 60 00, www.nationalpark-bayerischer-wald.de

❺ Sankt Oswald-Riedlhütte

Weil hier Wasser aus dem Fels entsprang, ließ Landgraf Johann von Hals-Leuchtenberg 1389 eine Kapelle und später ein Kloster errichten, das dem heiligen Oswald geweiht war – die Keimzelle der heutigen Ortschaft mit knapp 3000 Einwohnern. In Riedlhütte entstand 1450 eine der ersten Glashütten der Region.

SEHENSWERT
Erst lebten Pauliner im neu gegründeten Kloster (15. Jh.), dann zogen Augustiner-Chorherren ein und ab 1567 Benediktiner: Hinter dem

Kloster Sankt Oswald liegt eine bewegte Geschichte. Nach einem Brand 1876 blieben nur Kapelle, Sakristei und der untere Teil des Kirchturms erhalten, die neubarocke Saalkirche von 1882 bezog diese Teile mit ein. Die Ohe durchfließt das **Klosterfilz**, das mit dem **Großen Filz** ein weites Moorgebiet am Ort bildet. An ihren Ufern siebten einst Goldwäscher den Flusssand aus. Die nachgebaute Goldwaschstelle ist Station auf einem 17 km langen Themenwanderweg.

MUSEUM
Das **Waldgeschichtliche Museum St. Oswald** zeichnet die Entstehung des Mittelgebirges und der Wälder nach – zum Beispiel in einem Wald-Fahrstuhl, der 14 000 Jahre zurückreist. Seit der Neugestaltung gibt es multimediale Stationen, auch zur Kulturgeschichte (Klosterallee 4, Tel. 08552 9 74 88 90, Di.–So. 9.00–17.00 Uhr, Eintritt frei).

RESTAURANT

Im Nougat- und Weichselknödel manifestiert sich die Nähe zur Grenze geschmacklich – doch auch für die mediterran angehauchten Hauptgerichte empfiehlt sich die Einkehr im € **Wieshof** (Anton-Hilz-Str. 8, Riedlhütte, Tel. 08553 4 77, https://der-wieshof.de, tgl.).

INFORMATION

Tourist-Service & Marketing St. Oswald-Riedlhütte, Schulplatz 2, 94566 Riedlhütte, Tel. 08553 60 83, www.sankt-oswald-riedlhuette.com

❻ Frauenau

Unterhalb des Rachels und unmittelbar an der Glasstraße gelegen – die räumliche Zuordnung sagt viel über das 1324 gegründete Frauenau. Ab 1420 siedelten sich die Glashütten an. Seit 2015 zählt die Produktion von Hohl- und Flachglas zum Immateriellen Kulturerbe.

MUSEUM

Der Untertitel „Staatliches Museum zur Geschichte der Glaskultur" ordnet das **Glasmuseum** ein: Es spannt den Bogen von den Anfängen der Glaserstellung bis ins 21. Jh., mit Akzent auf der bayerisch-böhmischen Geschichte und einem Blick auf die Studioglas-

Tipp

Urwald-erlebnisweg

Der Urwalderlebnisweg ist gar keiner – zumindest nicht im herkömmlichen Sinn, denn keine eigene Markierung macht die Strecke durch diesen Teil des Nationalparks kenntlich, der bereits seit 1950 unter Naturschutz steht. Verlaufen wird sich auf dem 500 m langen Pfad durch den Hans-Watzlik-Hain trotzdem niemand, denn zu den mächtigsten Exemplaren von Fichte, Tanne und Buche zieht es viele Wanderer. Star im Baum-Ensemble ist die Dicke Tanne: Ihr Stammumfang beträgt 6,65 Meter bei fast 54 Meter Höhe. Sie ist der mächtigste Baum im Nationalpark.

13 km nördl. von Zwiesel, www.arberland-bayerischer-wald.de

Farbenfrohe Gläser bei Poschinger (o.), knorrige Bäume auf dem Hochschachten (o. r.); urig die Trifterklause bei Bayerisch Eisenstein (u.)

bewegung (Am Museumspark 1, Tel. 09926 94 10 20, http://glasmuseum-frauenau.de, Di.–So. 9.00–17.00 Uhr).

EINKAUFEN

Die Glasmanufaktur der Familie von **Poschinger** besteht seit 1568 – in der 15. Generation, das ist Weltrekord (Moosauhütte 14, www. poschinger.de, Führungen durch die Ofenhalle: Mo.–Fr. 11.00–14.00 Uhr stdl., Sa. 11.00–13.00 Uhr). Auch die Glashütte Valentin **Eisch** verkauft ab Werk (Althüttenstr. 28, http://eisch.de, Mo.–Fr. 10.00–17.00 Uhr, Sa., So., Fei. kürzer).

INFORMATION

Touristinformation im Glasmuseum Frauenau, Am Museumspark 1, 94258 Frauenau, Tel. 09926 7 97 90-01, www.frauenau.de

❼ Zwiesel

Bereits 1313 mit dem Marktrecht ausgestattet, sind in Zwiesel die beiden wesentlichen Wirtschaftszweige über Jahrhunderte gleich geblieben: Holz und Glas. Einerseits begünstigten die reichen Quarzvorkommen die Entwicklung, andererseits sorgte die Lage am „Zwisl", der Gabelung von Großem und Kleinem Regen, für den Holztransport per Trift – noch heute ist dies am Schwemmkanal der Weikl-Säge zu sehen, mitten in Zwiesel.

In der Stadt (9500 Einw.) hat die Naturparkverwaltung Bayerischer Wald ihren Sitz. Der **Naturpark Bayerischer Wald** erstreckt sich vom Donautal über den Vorderen Bayerischen Wald und die Flusstäler von Regen und Ilz bis zur Grenze nach Tschechien. Während im Nationalpark die Natur Priorität genießt, geht es im Naturpark auch um die Kulturlandschaft.

SEHENSWERT

In Waldkirchen (Kapitel Der Süden) steht der eine Bayerwald-Dom, in Zwiesel der andere: **St. Nikolaus** ist ein neugotischer Back-

stein-Riese mit 86 m hohem Turm. Das älteste Stück unter dem schönen Kreuzgratgewölbe ist eine Pietà von 1550.

Leicht zerbrechlich und schwer symbolträchtig: Die 8 m hohe **Glaspyramide** der Zwieseler Kristallglas AG türmt mehr als 93 000 Weingläser aufeinander. Die höchste Kristallglas-Pyramide der Welt steht im Innenhof des Werksverkaufs (Dr.-Schott-Str. 25, Tel. 09922 9 24 99, Mo.–Fr. 9.00–18.00, Sa. bis 16.00 Uhr).

MUSEUM

Im **Waldmuseum** geht es nicht nur um Fauna und Flora, sondern auch um die Menschen und die Kultur der Region. In Ton- und Filmdokumenten ersteht eine verlorene Welt, deren dingliche Zeugnisse anrühren: hauchzartes Kristall oder die winzigen Holzschuhe eines Kindes (Kirchplatz 3, Tel. 09922 50 37 06, www.waldmuseum.zwiesel.de, Do.–Mo. 10.00 bis 16.00 Uhr).

ERLEBEN

Rohstoffmangel macht erfinderisch – zumindest trifft das auf Wolfgang Pfeffer zu, der Ende des 19. Jh. ein obergäriges Bier brauen wollte, aber weder ausreichend Weizen noch Hopfen zur Hand hatte. Also verwendete er Gerstenmalz und ließ die Hefe in Bottichen gären. Sie entwickelte reichlich Kohlensäure – das Bier „dampfte" in der **Ersten Dampfbierbrauerei** (Regener Str. 9, Tel. 09922 84 66 15, www.dampfbier.de, Di.–Fr. 13.00–16.00, Führungen Di., Do., Fr. 14.00 Uhr).

> *„Waldwoge steht hinter Waldwoge, bis eine die letzte ist und den Himmel schneidet."*
> *Adalbert Stifter*

UMGEBUNG

Das 4 km entfernte **Museumsschlösschen Theresienthal** wirkt außen wie innen putzig. Erbaut als Wirtschaftshaus, erhielt es seinen dicken Turm um 1881. Heute stellt die Firma Gangkofner Glaskunst aus (Theresienthal 15, www.zwiesel.de, Mo.–Fr. 10.00–14.00 Uhr).

INFORMATION

Tourist-Information Zwiesel, Stadtplatz 27, 94227 Zwiesel, Tel. 09922 84 05-160, www.zwiesel.de

8 Bayerisch Eisenstein

Eisenerz wurde hier vermutlich schon abgebaut, bevor es jemand aufschrieb. Zur eigentlichen Gründung als Luftkurort (1000 Einw.) dauerte es bis 1877. Von Niederbayerns nördlichster Gemeinde aus sind der Nationalpark, Arbergebiet und Tschechien schnell erreicht.

SEHENSWERT

Der **Große Arber,** höchster Gipfel des Bayerischen bzw. Böhmischen Waldes, ragt außerhalb des Nationalparks 1456 m hoch über die Baumgrenze. Auf seinen vier Gipfeln gibt es Radaranlage und Sendemasten, zwei Sechser-Sessel- und eine Sechser-Gondelbahn, Schlepplifte, Berghütten und ein weites Wegenetz. Eine halbe Million Menschen besucht jedes Jahr den Gipfel, besonders viele im August zur Arber-Kirchweih. Sie kommen an den Großen Arbersee und ins Arberseehaus (s. Unsere Favoriten, Restaurants).
Zur einen Hälfte in Böhmen, zur anderen in Bayern: Der **Bahnhof** von Bayerisch Eisenstein entstand 1877 genau auf der Grenze. Nach 1945 trennte eine Mauer den Zwillingsbahnhof, seit 1991 funktioniert der Grenzverkehr wieder nahtlos.
Der Naturpark betreibt mehrere Museen im Bahnhof, u. a. ein **Fledermausmuseum** (Bahnhofstr. 54, www.naturparkwelten.de, Mi.–So. 9.30–16.30 Uhr, in den Ferien Bayerns, Juli–Okt. tgl.).

MUSEUM

Dem wichtigsten Verkehrsmittel zur Erschließung der entlegenen Ortschaften huldigt das **Localbahnmuseum,** untergebracht im Lokschuppen. Auf stillgelegten Gleisen parken Dampf- und Dieselloks, Draisinen und historische Wagen (Bahnhofstr. 44, www.localbahn verein.de, Ostern–Nov. Mi.–So. ab 10.00 Uhr).

RESTAURANT

So wettergegerbt wie ein Holzarbeiter selbst wirkt die **Trifterklause Schwellhäusl,** die vielleicht idyllischste Einkehr im Nationalpark, (Schwellhäusl 310, www.schwellhaeusl.de, tgl., ab Parkplatz Brechhäuslau 30 Min. Fußweg).

INFORMATION

Tourist-Info, Schulbergstraße1, 94252 Bayerisch Eisenstein, Tel. 09925 94 03 16, www.bayerisch-eisenstein.de

---

Genießen   Erleben   Erfahren

DuMont Aktiv

Gipfelsause am Falkenstein

Der Große Falkenstein ist der einzige Berg im Nationalpark, den man mit dem Rad erreicht. Und auch unterhalb seiner 1315 Meter führen schöne Routen durch den Wald. Selbst das Absteigen lohnt – mehrere Schachten und das Höllbachspreng liegen am Weg.

Wald, mal dicht, mal weniger dicht; Bäume, teils in Reihe, teils so, wie Wind- und Schneebruch sie hinterließen; hin und wieder eine Lichtung, die den Blick auf den Arber und über den Lamer Winkel eröffnet – die Fahrradtour unterhalb des Falkensteins ist nichts für Biker, die der Anblick von Grün langweilt. Alle anderen entdecken in der scheinbaren Monochromie die Farbkleckse von weißem und violettem Fingerhut, von Lerchensporn, Hahnenfuß und vielen anderen Blumen, deren Namen einem im Vorbeiziehen nicht einfallen.

Über Kilometer zieht sich der breite Weg durch den Wald, dicht am Rand der Kernzone entlang. Am Lindberger Schachten und dem Jährlingsschachten bieten sich erste Möglichkeiten, das Bike abzustellen und zu Fuß die alten Hochalmen zu entdecken. An der Abzweigung auf den Iron Curtain Trail liegt der Rindelschachten und nur wenige Kilometer entfernt lohnt ein Abstecher in die wilde Schlucht des Höllbachgsprengs – Achtung: nur für geübte Wanderer geeignet. Kurz darauf erstreckt sich mit dem Ruckowitzschachten die größte Hochweide des Bayerischen Waldes. Der Gipfel des Großen Falkensteins mit der frisch umgebauten Schutzhütte und eine lange Abfahrt krönen – je nach Kondition – die Tour.

Weitere Informationen

Tourverlauf: Ab dem Parkplatz Buchenau geht es über 600 Höhenmeter bis zum Iron Curtain Trail. Weitere 250 Höhenmeter oberhalb liegt der Falkenstein-Gipfel. Gesamtrunde über Ludwigsthal: ca. 35 km

Einkehrmöglichkeit: Schutzhaus, Tel. 09925 90 33 66, www.schutzhaus-falkenstein.de, im Sommer tgl. 10.00–17.00 Uhr

Im eigenen Tempo und mit gleichmäßigem Tritt führt die Tour um den Großen Falkenstein, unterwegs beeindrucken die alten Waldwiesen wie der Ruckowitzschachten (rechts).

Schicksale, Schätze, Schwärmereien

Den nördlichen Bayerischen Wald in einem Dreieck zwischen Straubing, Furth im Wald und Bodenmais prägen einerseits die Grüntöne seiner hügeligen Landschaft. Und andererseits das bunte Leben in den Ortschaften, in denen sich von Mai bis August eine Veranstaltung an die andere reiht, mal feurig, mal jazzig.

Soul erfüllte das Konzerthaus Blaibach, als die britische Sängerin und Songwriterin Sarah Jane Morris hier ihr Konzert gab.

Nicht nur die Landschaft besitzt im Bayerischen Wald Anziehungskraft. Straubing, einst Herzogsstadt an der Donau, entwickelte sich zum wichtigen niederbayerischen Industrie- und Wirtschaftsstandort.

Rechts: Der Ludwigsplatz mit seinen Cafés ist mit dem Theresienplatz verbunden und bildet so einen Teil des großzügigen, lebendigen Stadtplatzes. Die Namen ehren das Prinzenpaar Ludwig und Therese.

Frisch geben sich die sanierten Häuser in Furth im Wald am Stadtplatz. Hoch oben vom Stadtturm, gleich neben dem früheren Drachenmuseum, geht die Aussicht weit ins Land.

Die Figur des heiligen Jakob ziert einen der beiden Brunnen auf dem lang gestreckten Stadtplatz von Straubing.

Barockisierte
Karmelitenkirche
in Straubing und
Wohnhaus mit
klassizistischen
Stilelementen in der
Zollergasse von 1785

Further Drachenstich

Special

Mit Feuer feiern

Ein Spektakel im Großformat – als vermutlich ältestes Volksschauspiel Deutschlands, von dem man schon 1590 schrieb, dass es über 200 Jahre existiere. Sein Hauptdarsteller bricht alle Rekorde.

Elf Meter hoch und elf Tonnen schwer, gilt der Further Drachen als größter Vier-Bein-Schreitroboter der Welt und technisches Meisterwerk. Wenn er sich aufrichtet und Feuer spuckt, zucken alle Zuschauer in der Arena auf dem Stadtplatz zusammen, nur die Further Kinder nicht, die mit dem Drachen aufwachsen und die Festspielwochen als fünfte Jahreszeit herbeisehnen. Bis 2006 kam das Böse tatsächlich von Osten, ganz dem Kalten Krieg geschuldet. Das moderne Drachenspektakel verankert den Plot im allgemein Menschlichen. Doch welche Geschichte auch dahinter steht: Der ganze Ort lebt im August seinen Drachenstich, in dem Mordlust und Grausamkeit gegen Helden- und

Der finale Stich beim Drachenstich in Furth

Opfermut antreten. Seit Jahrhunderten steht Furth in diesen drei Wochen zusammen, dem Drachen sei Dank.

Eine Reise in den nördlichen Bayerischen Wald kann in Straubing beginnen und dort gleich mit dem Ende anfangen – auf dem Friedhof von St. Peter, der bedeutendsten Grablege in der Region, wenn nicht ganz Bayerns. An der Stelle des einstigen römischen Kastells platziert, scheint der Friedhof wie organisch gewachsen, vom ersten Epitaph um 1360 für Anna Ulein bis zu den letzten offiziellen Gräbern von 1876. Kreuz und quer stehen die guss- und schmiedeeisernen Kreuze, dazwischen klassizistisch-strenge Steine.

Der Friedhof umschließt die romanische Hallenkirche St. Peter. Ihr ikonografischer Schatz steht am Ende des linken Seitenschiffs: eine Pietà aus Lindenholz. Maria ist der Verlust so schmerzhaft ins Gesicht geschnitzt, dass es nicht verwundern würde, wenn echte Tränen über ihre ausgezehrten Wangen liefen.

Auch auf den Grabplatten rings um St. Peter rührt die Trauer, die schönsten Epitaphe hängen an und in den drei Kapellen auf dem Friedhofsgelände – einzigartig ist die Totentanzkapelle. Hier hat sich das Rokoko des mittelalterlichen Sujets angenommen und 1763 ein Memento mori mit zeitaktuellen Bezügen geschaffen, zur Aufklärung wie zum Halley'schen Kometen, der 1758 am Himmel gestanden hatte.

Ganz schön nostalgisch: Stände auf dem Gäubodenvolksfest in Straubing

Straubing

Die schönste Leich'

Eine fast noch frische Rose liegt vor der berühmten Grabplatte des Friedhofs. Sie erinnert an Agnes Bernauer, Herzog Albrechts schöne Frau. Sie war weit unter Stand und aus Angst um die Thronfolge ließ ihr dynastisch betonierter Schwiegervater sie 1436 in der Donau ertränken. Weniger aus bigotter Trauer denn aus Gründen der Staatsraison und um seinem Sohn die Hand zu reichen, errichtete Herzog Ernst die Kapelle. Wie als Sühne für die tückische Verurteilung wegen „Liebes- und Schadzauber" hat man Agnes mit einer Gebetsschnur, einer Haube und gleich zwei Eheringen in den Rotkalk gemeißelt, auf dem Pathologen bis heute die Gesichtszüge einer Wasserleiche erkennen. Erzählt wohl irgendwann eine Fortsetzung, ob Albrecht seinem Vater je verzeihen konnte?

Doch auch andere Bühnenstoffe liegen in der Donaustadt quasi auf dem Straßenpflaster, etwa die Geschichte vom Goldfund im heutigen Stadtteil Alberg, einem der größten römischen Schatzfunde in Deutschland. Er ist Mittelpunkt des Gäubodenmuseums.

Lamberg statt Lucca

Klang Friedrich Nietzsche je hoffnungsvoller? Während der „idealen Sommerbummelei" mit seinem Studienfreund Erwin Rohde notierte er im August 1867: „Im baierischen Walde fieng es an …". Unterwegs in der Chamer Gegend, entdeckte der 22-jährige Denker dort eine Leidenschaft – das Wandern. Dabei hätte es auch ganz anders laufen und die jungen Gelehrten hätten weiter südlich landen können, doch eine „seltsame Verkettung von Rücksichten und Neigungen" führte sie nach Chammünster zur Urkirche des Oberen Bayerischen Waldes und von dort auf den Lamberg.

Heute begleitet eine Handvoll Tafeln den Weg vom Zissler Kreuz bei Chammünster hinauf durch den Mischwald. Vom „mährchenhaften Reiz … dieser duftenden Waldstille", schwärmte Erwin Rohde, und in Friedrich Nietzsche reifte die Ansicht, „keinem Gedanken Glauben (zu) schenken, der nicht im Freien geboren ist". Auf dem Lamberg malten sie sich aus: „Ein phantasiebegabtes Kind müsste hier zum Dichter werden."

Von owe nach umme …

Die Nachbarschaft von Seele und Bauch findet sich oft in diesen mittleren Gipfellagen, etwa auch auf dem Kolmstein oberhalb von Arrach – dort steht das Kirchlein der Klara Wartner. Gleich neben der Gipfelkapelle mit der Pietà liegt der Kolmsteiner Hof, ein Restaurant, oder müsste man sagen *newa?*

> ## Die Nachbarschaft von Seele und Bauch findet sich oft in den mittleren Gipfellagen.

Die Präpositionen zeigen, wie komplex hier der Dialekt ist: Von Arrach aus geht man nach Bad Kötzting *owe*, nach Cham *eini*, nach Straubing *aussi*, nach Bayerisch Eisenstein *umme* und nach Furth im Wald *hintere*. Zwei, drei Whisky aus der örtlichen Single-Malt-Destillerie und die Verhältniswörter sitzen.

… und von der Späh- zur Spaßzone

Als hielten sie Mahnwache zur Erinnerung an den Kalten Krieg, stehen die Abhöranlagen auf dem Hohen Bogen. Vom 50 Meter hohen Aussichtsturm

Links: Eine gedeckte Holzbrücke verbindet in Bad Kötzting die Ufer des Weißen Regens.

Rechts: Die Jünger an der Schiffskanzel der Wallfahrtskirche Mariä Himmelfahrt in Weißenregen „ziehen" an einem echten Netz.

Manchmal machen die Herrgottschnitzer ihrem Namen alle Ehre, wie hier in Bodenmais. Doch nicht nur Christusfiguren entstehen aus der Hand dieser Handwerker.

Bei Wanderungen am Kleinen Osser bewegt man sich im Grenzgebiet zu Tschechien.

Die Burg Kürnberg westlich von Cham ist seit fast 400 Jahren Ruine, dabei ist sie gut erhalten und mit schöner Aussicht vom Palas.

Bayerisches Bier! Was der Braumeister der Brauerei Hofmark bei Traitsching prüft, wird später zum Genuss aus der Bügelflasche.

lugten Amerikaner, Franzosen und Deutsche über die Grenze und lauschten Richtung Osten – angeblich bis in den Ural hinein; tatsächlich reichte es höchstens bis Bratislava. Eine nahezu autarke Anlage entstand auf knapp 1000 Metern Höhe, inklusive Tunnel und Atombunker. Heute widmet sich auf dem Hohen Bogen ein Funpark nur noch dem Spaß.

Gegenüber betrieb der Klassenfeind Aufklärung vom Čerchov aus, und dazwischen lag Furth im Wald, einerseits zwischen den Großmächten, andererseits am Ende der Welt und meist umnebelt von Lkw-Abgasen, die sich vor der Grenzabfertigung stauten. Noch wurzelt der Kalte Krieg tief in der DNA der über 50-Jährigen, auch wenn die Erinnerung an die einstige Unversöhnlichkeit längst wie eine lausige Legende erscheint.

Ein steinerner Filmstar

Die schönste Annäherung an Cham findet im Kanu auf dem Regen statt, der sich bei Altenstadt den Chamb einverleibt und dann die Stadt umarmt, bevor er weiter Richtung Westen fließt. Zwei der wichtigsten Sehenswürdigkeiten sind nah am Wasser gebaut: das Biertor und die Brücke.

Sie heißt eigentlich Florian-Geyer-Brücke, aber jeder kennt sie als „Die Brücke" aus dem großen Antikriegsfilm. Regisseur Bernhard Wicki fand hier 1959

Das dicke rote Biertor, Wahrzeichen Chams, trägt seinen Namen von einer der ersten Weißbierbrauereien Bayerns, die einst hier, im ehemaligen Burgtor, eingerichtet war.

die passenden Bedingungen vor – wenig Durchgangsverkehr und die Silhouette einer nach Kriegsende kaum veränderten Stadt. Heute schafft es die mit 17 000 Einwohnern größte, donauferne Stadt der Region wirtschaftlich stark zu sein, ohne dass auch nur ein Autobahnkilometer den Landkreis durchschneidet.

Französischer Klang

Die Marseillaise erklingt jeden Tag um 12.05 Uhr vom Rathausturm, in Erinnerung an Nikolaus Graf von Luckner. Der gebürtige Chamer machte beim französischen Militär Karriere. 1792 widmete ihm Claude Joseph Rouget de Lisle das Kriegslied, zwei Jahre, bevor Luckner

wegen einer läppischen Honorarforderung in Paris seinen Kopf einbüßte. Am Brunnen auf dem Marktplatz findet er sich noch vollständig, gemeinsam mit einer Waldhexe und dem Bilmesschneider, einem bösen Wesen, und bespritzt hin und wieder neugierige Betrachter mit Wasser.

Ein mystischer Fall

Der touristisch am stärksten erschlossene Ort des Bayerwalds ist Bodenmais – an den Hängen von Arber und Silberberg wachsen die Erlebnisangebote, entlang der Bahnhofstraße reihen sich die Souvenirshops. Die Geschichte vom Armenhaus der Region zum Urlaubsort

mit einem guten Dutzend Vier-Sterne-Hotels ließe sich nirgends besser erzählen als hier. Doch wenige Schritte in den dichten Wald hinein, und aller touristische Firnis fällt auf einmal ab. Der gemütliche Weg geht in einen Wanderpfad über, der direkt an den Rißlochfällen entlangführt. Über insgesamt 70 Meter rauscht das Wasser über Kaskaden in die Tiefe. In der Waldschlucht liegen die Temperaturen etwas höher, Edellaubhölzer wachsen, blühende Stauden und Farne. Abgestorbene Stämme, von Baumpilzen besiedelt, stehen oberhalb der Rißlochklamm zwischen Eschen, Sommerlinden und Bergulmen – ein Totentanz der Natur, total lebendig.

PETER HAIMERL

„Den Bayerischen Wald gibt es nicht"

Seit er in der 2000-Seelen-Gemeinde Blaibach das viel bewunderte Konzerthaus gebaut hat, gilt Peter Haimerl als einer der bekanntesten Architekten Deutschlands. Dabei ginge er auch leicht als Philosoph durch. Begegnung mit einem Unermüdlichen.

Aus allen Teilen Deutschlands und aus der (Kultur-)Welt erfährt das Konzerthaus Blaibach großen Zuspruch.

Wenn Peter Haimerl zuspitzt, es gebe den Bayerischen Wald nicht (mehr), dann meint er die Leute seiner Kindheit und Jugend, diesen gewitzten, bodenständigen und schlagfertigen Typus Mensch, der sich nah an der Grenze zur Anarchie bewegt und sie bei Bedarf freimütig überschreitet. Viel gravierender als die spätere Digitalisierung sei die schleichende mentale Veränderung gewesen, die auf eine Normalisierung der Lebens- und geistigen Verhältnisse hinauslaufe. Die alten Berufe und Bestimmungen seien dahin und mit ihnen der individualistische Wohnraum – und während er das sagt, sieht man Peter Haimerl an, dass ihn diese Entwicklungen schmerzen. Wenigstens käme die allgemeine Gleichgültigkeit, wenn wieder ein altes Haus verschwindet und mit ihm ein Stück Zeitgeschichte, hier im Bayerischen Wald ohne geheucheltes Bedauern daher. Da funkelt ein Rest Widerstandsgeist auf, auch im Auge des Architekten.

Ein Mann lässt nicht locker

Obwohl er seit Langem in München lebt, hält ihn die Landschaft seiner Kindheit fest. Haimerl, 1961 in Eben bei Viechtach geboren, möchte die architektonischen Spuren des authentischen Bayerwalds bewahren. Geblieben sind nur noch wenige mehr oder minder verrottete Höfe, die sich unter flachen Schindeldächern an die Hänge ducken und je nach Bedarf wuchsen, ohne dass je eine Behörde um Erlaubnis gefragt worden wäre.

Auf der Suche nach diesen letzten Zeugen fährt Haimerl an Wochenenden kreuz und quer durch die Provinz – und wenn sich die Möglichkeit bietet, einen der noch unerkannten Schätze zu heben, wie etwa das

Semmlerhaus in Viechtach, schreckt er auch vor öffentlichen Ämtern nicht zurück und wird im Verlaufe eines Nachmittags unversehens zum Stadtplaner. So geschehen in seinem Geburtsort, wenn auch nur episodisch.

Nicht lang genug blieb er jedenfalls, um die Baulücke zu schließen, die bis heute wie eine offene Wunde am Stadtplatz klafft und, laut Haimerl, das Ergebnis eines „gestörten Raumgefühls" sei, wie es besonders im modernen Bayern grassiere. Auch für das historische Semmlerhaus kam jede Hilfe zu spät: An seiner Stelle gähnt heute ein Parkplatz.

„Bayerwaldhäuser sind nie ganz fertig", sagt der Architekt Peter Haimerl, „ihren Bewohnern hat es gefallen, wenn die Höfe nicht perfekt waren."

Oben: Konzerthaus Blaibach, monolithisch und lichtdurchflutet.
Unten: Im Haus am Schedlberg ließ Peter Haimerl (re.; li. die Autorin) so viel alte Substanz wie möglich bestehen.

Wiederauferstanden in Beton

Ein besseres Ende als jenes Viechtacher Intermezzo nahm das Austragshäusl am Schedlberg, für das vor einem Dutzend Jahren niemand einen Cent mehr gegeben hätte. Der hintere Teil beinahe komplett eingestürzt, das Dach marode, die Wände weiß vor Schimmel und an manchen Stellen bis auf drei Millimeter verfault, hielten nur noch wenige Balken das Haus zusammen.

Konzerthaus Blaibach

· ·

Das Konzerthaus Blaibach ist aus dem Förderprojekt „Ort schafft Mitte" hervorgegangen. Der Bau aus 3000 Schalungselementen nimmt eine Fläche von nur 500 Quadratmetern ein, bietet 200 Plätze und hat seit seiner Eröffnung im September 2014 zahlreiche Preise erhalten.

Kirchplatz 4a, 93476 Blaibach,
https://kulturgranit.de

Haimerl pachtete es und fing es gleichsam auf, bevor es endgültig den Geist aufgab – er stabilisierte das Haus mit horizontal eingeschobenen Balken aus Glasschaumschotterbeton, der Spezialentwicklung einer örtlichen Firma. Die auskragenden Balken stützen sich auf dem gemauerten Stall ab, dem Granitkern des Schedlbergs. Als Inspirationsquellen dienten einerseits der alte Hof, andererseits die kleine Halde aus Granitbarren vor dem Haus, im 19. Jahrhundert gehauen und längst von Moos überwuchert.

Wie schwerelos wirkt das Haus von 1830 nun, fest und zugleich leicht. Damit verträgt sich auch die neue Bestimmung des Austragshäusls, das als Künstler- und Denkort konzipiert ist, freilich nicht in Klausur, sondern Freunde sollen sich um den langen Tisch aus Fichtenholz sammeln.

Wunder in der Provinz

„Architektur ohne Tradition, ohne Geschichte und einen erweiterten Geschichtenraum funktioniert nicht", sagt Peter Haimerl – ein Grund, warum seinen Bauprojekten im Bayerischen Wald immer die Aktionen seiner Frau Jutta Görlich und des Fotografen Edward Beierle vorangehen. Als „schwarze Frau" bespielt Görlich die Szenerien, beispielsweise auch bei der ersten regionalen Arbeit „Birg mich, Cilli". Genau wie am Schedlberg geht es auch beim Haus „Cilli" nicht ums Bewohnen, der Hof soll „nur da sein" – auch als ein Haus, das Haimerls Erinnerung lebendig hält. Nicht bei allen Projekten ist die Zustimmung der Einheimischen sicher, den neuen Schedlberg aber lieben die Leute.

Vom „Wunder von Blaibach" ist mit Blick auf das Konzerthaus oft die Rede, das hat mit der Akustik wie mit der Architektur zu tun. Wie ein über die Hangkante gekippter Karton steht der mit Granitbruchsteinen verkleidete Bau da. Durch eine unscheinbare Tür gelangt man hinein, folgt dem Foyer, das unmerklich breiter und höher wird. Der Boden kippt leicht ab, lenkt den Besucher nach unten, bis er plötzlich an der Bühne steht, über der sich der Betonhimmel wölbt.

Das Konzerthaus ist Teil der Belebung der Ortsmitte von Blaibach, die unter anderem auch eine Neugestaltung des Dorfplatzes umfasste: „Die Ortschaften müssen ihre Mitte zurückgewinnen", ist Peter Haimerl überzeugt, „um ihre Identität zu wahren."

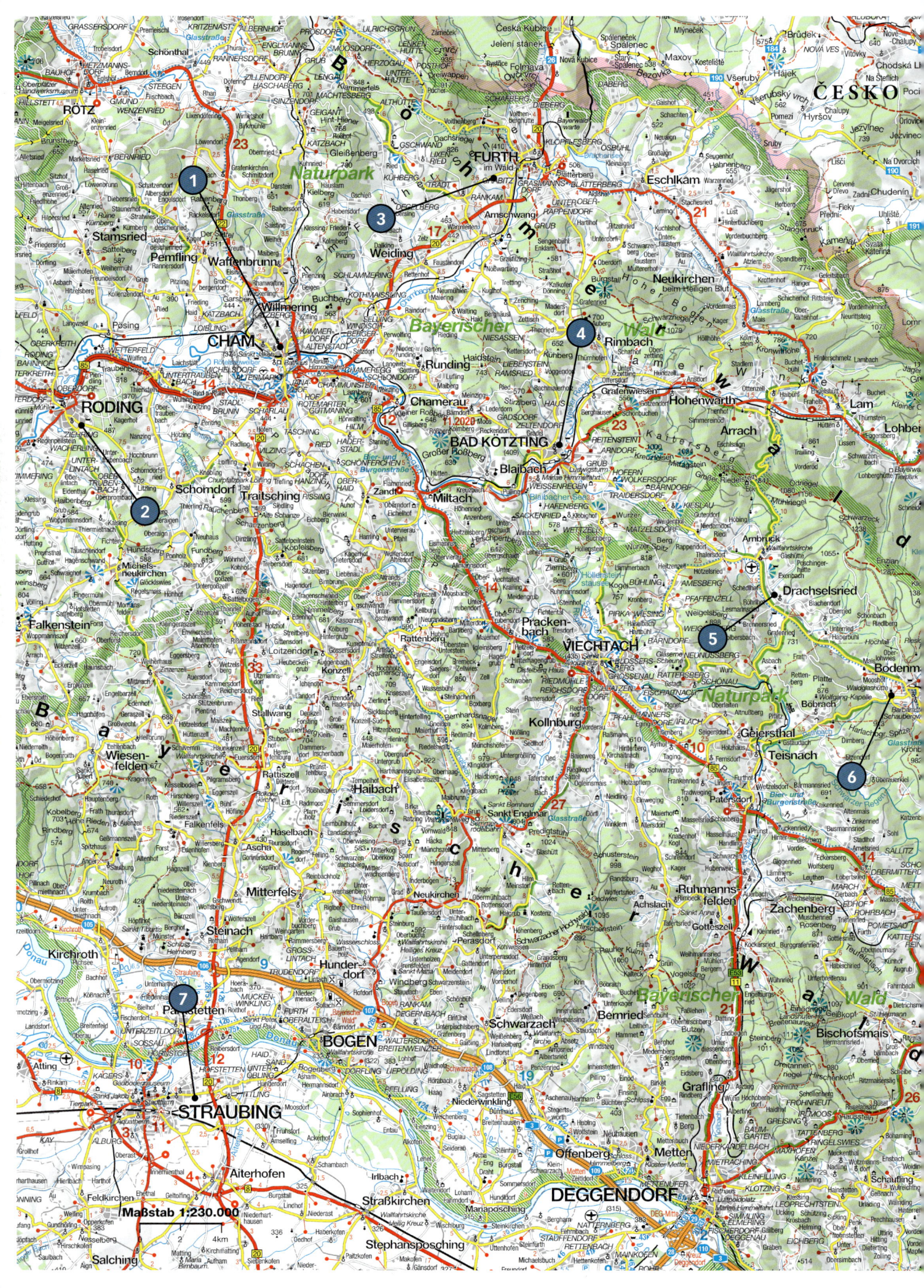

Ein Hoch auf den Norden

Der Wechsel zwischen der grünen, hügeligen Landschaft und den völlig unterschiedlichen Städten macht den Reiz der Region aus. Zahlreiche Wander- und Radstrecken erschließen sie für Aktive. Und für die Unterhaltung sorgt das bewahrte Brauchtum: Es reicht vom Volksfest bis zum Festspiel.

❶ Cham

Als Civitas Cham 976 erstmalig erwähnt, steht der keltische Name für „krumm" – vermutlich eine Anspielung auf den Lauf des Chambs. Die Stadthistorie verlief ähnlich gewunden, über Christianisierung und Hussitenkriege, auch wirtschaftlich: Die Kreisstadt (17 000 Einw.), zum Kriegsende Ziel vieler Heimatvertriebener, gilt heute als florierender Wirtschaftsstandort mit viel Lebensqualität.

SEHENSWERT/MUSEUM
Zwischen 1958 und 1965 schlossen sich Künstler der Region zur Gruppe SPUR zusammen und rüttelten mit ihrer teils dem Abstrakten Expressionismus verbundenen Kunst die Bundesrepublik auf – an sie erinnert das **Museum SPUR** in einem der ältesten Häuser Chams nahe dem Biertor (Schützenstr. 7, Tel. 09971 4 07 90, www.cham.de, Ostern bis 6.1. Mi., Sa., So. 14.00–17.00 Uhr). Das markante rote **Biertor** (14. Jh.) war Teil der Stadtmauer.
Mariä Himmelfahrt in Chammünster (rund 4 km östl.) ist eine der Urkirchen des Bayerischen Waldes. Gegründet um 739, schmückt die teils früh-, teils spätgotisch erhaltene Kirche das Chamer Wappen. Lange Zeit blieb ein Detail im Mittelschiff verborgen: Das Totentanzfresko der drei lebenden und drei toten Könige (15. Jh.) legten Restaurierungsarbeiten 1912 frei (www.pfarrei-chammünster.de).

ERLEBEN
Auf dem **Friedrich-Nietzsche-Weg** vom Zissler Kreuz auf den Lamberg informieren Texttafeln über die Wanderung, die der Philosoph (1844–1900) einst mit seinem Freund Erwin Rohde unternahm. Die etwa 5 km lange Strecke gipfelt am Gasthof mit herrlicher Aussicht (Lamberg 1, www.wirtshaus-lamberg.de, Mi. bis Fr. ab 14.00, Sa., So. ab 11.00 Uhr).

RESTAURANT/CAFÉ
Am Turm (11. Jh.) steht das Gasthaus
€€€ Ödenturm mit Feinschmecker-Restaurant. Gourmets kennen den Namen von Chefin Brigitte Berghammer-Hunger, sie schreibt eine Kolumne (Am Öden Turm 11, Tel. 09971 8 92 70, www.oedenturm.de).
Feinen Kaffee von der eigenen Plantage und selbst gemachten Kuchen serviert die **€ Kaffeeküche** im Rathaus am Marktplatz (www.kaffeekueche-cham.de).

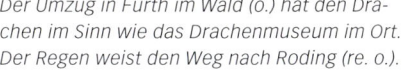

Der Umzug in Furth im Wald (o.) hat den Drachen im Sinn wie das Drachenmuseum im Ort. Der Regen weist den Weg nach Roding (re. o.).

UMGEBUNG
Die Hofmark Brauerei in **Traitsching-Loifling** bietet Führungen mit Bierprobe an (9 km südl., https://hofmark.com).

INFORMATION
Tourist-Info, Propsteistr. 46, 93413 Cham, Tel. 0997 8 57 94 10, www.cham.de

❷ Roding

Bereits 844 als Rotachin erwähnt, ist Roding heute Mittelzentrum und zweitgrößte Stadt im Landkreis Cham mit rd. 12 000 Einwohnern.

SEHENSWERT
Als einer der ältesten sakralen Bauten Bayerns gilt die kreisrunde **Josephikapelle** (7. Jh.), deren Funktion nicht geklärt ist. An sie schließt sich die **Annakapelle** (16. Jh.) an, die bekannt ist für ihr Totentanzfresko. Der schönste Blick auf Roding ergibt sich vom anderen Regen-Ufer über die Brücke auf den barocken Kirchturm der Pfarrkirche **St. Pankratius**. Die Kirche (1960) belichtet ein Fensterband.

UMGEBUNG
Ca. 1 km östlich von **Stamsried** (11 km nördl.) steht die Burg Kürnberg auf dem Haidberg.

INFORMATION
Tourismusbüro, Schulstr. 15, 93426 Roding, Tel. 09461 9 41 89 27, www.roding.de

❸ Furth im Wald

Ab 1300 war Furth im Wald (heute 9000 Einw.) In der Cham-Further-Senke eine wichtige Zollstation auf dem Weg nach Böhmen.

SEHENSWERT
Zu jedem anständigen Drachen gehört eine **Höhle**: Stimmig bereitet eine Ausstellung am Festplatz auf die Begegnung mit dem sagenhaften Bewohner vor (Eschlkamer Str. 10a, www.further-drache.de, s. Unsere Favoriten, Feste). Vom 35 Meter hohen **Stadtturm** reicht der Blick weit über den Ort und die Höhenzüge Richtung Tschechien und zum Arber (Schlossplatz, tgl. 13.00–17.00 Uhr).

Dreifaltigkeitssäule vor dem Stadtturm (li. o.) in Straubing, romanisches Portal an St. Peter (li.), Römerschatz im Gäubodenmuseum (re.)

MUSEUM

Das Blechschild hängt noch – doch zum Redaktionsschluss ist das **„Erste Drachenmuseum Deutschlands"** geschlossen. Demnächst soll das **Landestormuseum** mit einer Dauerausstellung über die Grenzgeschichte neu eröffnen (Schlossplatz 4, http://landestor museum.byseum.de).

RESTAURANT

Der € **Gasthof zum Bay** ist das älteste Gebäude im Ort. Im Innenhof gibt es einen Biergarten (Bayplatz 5, www.zumbay.de).

Tipp

Singulär

Die Brennerei Liebl fügte 2006 als erste Destillerie im Bayerischen Wald ihrem Bärwurz-Sortiment einen Single Malt Whisky hinzu, seitdem gab es viele Preise.

Jahnstr. 11–15, 93444 Bad Kötzting, Tel. 09941 13 21, http://brennerei-liebl.de, Mo.–Fr. 9.00 –18.00, Sa. bis 16.00 (Mai–Okt.), sonst bis 13.00 Uhr

UMGEBUNG

Für einen kleinen Ort wie **Neukirchen beim Hl. Blut** (14 km östl., https://www.neukirchen. bayern.de) ist die Wallfahrtskirche Mariä Geburt wirklich riesig. Sehenswert sind der Doppelaltar von Pfarr- und Klosterkirche und die Pilgerkreuze vorm Portal. Über Wallfahrten im Allgemeinen und die ortsansässige Marienstatue mit dem gespaltenen Haupt im Besonderen informiert das Wallfahrtsmuseum (Marktplatz 10, Di.–Fr. 9.00–12.00 und 13.00–17.00, Sa., So. 10.00–12.00, 13.00–16.00 Uhr).
Der **Hohe Bogen** (15 km südl.), einst Standort eines „Horchpostens" der NATO, wird heute für sein Freizeitangebot geschätzt (u. a. Sommerrodelbahn, Skigebiet).

INFORMATION

Tourist-Information, Schlossplatz 1, 93437 Furth im Wald, Tel. 09973 5 09 80, http://furth.de

④ Bad Kötzting

Das heute staatlich anerkannte Kneippheilbad erhielt 1260 die Marktrechte. Heute leben 7500 Menschen im Kliniken- und Spielbankstandort Bad Kötzting.

SEHENSWERT

Das wichtigste Bauwerk ist die Kirche **Mariä Himmelfahrt** (v. a. 18. Jh.) mit der Kirchenburg und Fresken zum Pfingstritt, das eindrucksvollste Naturdenkmal steht im Ortsteil Ried: die 850 Jahre alte **Wolframslinde.**

ERLEBEN/VERANSTALTUNGEN

Der **Kaitersberg,** ein Höhenzug von bis zu 1133 m Höhe, zieht Sportler an: Er bietet schwere Kletterrouten, genug Thermik für Gleitschirmflieger und neuerdings auch einen Trail über 30 km für Bergläufer (rd. 14 km östl., http://kaitersberg-trail.de).
Neben dem **Pfingstritt** (s. Unsere Favoriten, Feste) bereichern die **Waldfestspiele** im Juli und August den Veranstaltungskalender: Dann geben die Darsteller der großen Festspielgemeinschaft einen in baierische Mundart übertragenen Klassiker auf der Waldbühne am Ludwigsberg zum Besten (www.waldfestspiele.de).

UMGEBUNG

Die einschiffige Wallfahrtskirche (18. Jh.) im Ortsteil **Weißenregen** lohnt vor allem wegen der Schiffskanzel des heimischen Bildhauers Johann Paulus Hager einen Besuch, fast erscheinen die Fische im Netz lebendig (3 km südl., www.wallfahrtskirche-weissenregen.de). Lange war es keine Schande, das 6 km entfernte **Blaibach** auf einen nächsten Besuch zu verschieben – jetzt kommen Architektur- und Musikfreunde an der Mini-Gemeinde nicht vorbei (s. DuMont Thema). Beliebt ist auch der Luftkurort **Arrach** (15 km östl.) im **Lamer Winkel** zwischen Großem Arber und Osser.

INFORMATION

Kur- und Gästeservice, Bahnhofstr. 15, 93444 Bad Kötzting, Tel. 09941 40 03 21 55, www.bad-koetzting.de

⑤ Zellertal

Seit 1000 Jahren besiedeln Menschen das liebliche Tal, dessen Hauptorte Arnbruck und Drachselsried zusammen etwa 4500 Einwohner – und nur unwesentlich weniger Kirchen und Kapellen – zählen.

SEHENSWERT

Mit dem **Glasdorf Weinfurtner** und der **Glasgalerie Herrmann** liegen hier zwei große Verkaufsstellen der Glasstraße (www.die-glas strasse.de).

ERLEBEN

Das Zellertal bietet 270 km markierte **Wanderrouten,** den besten Überblick verschafft der 37 km lange **Rundwanderweg Zellertal:** immer dem weißen Z auf rotem Grund nach. Über gut 31 km und 330 Höhenmeter führt der **Zellertal-Radweg** von Bad Kötzting bis Bodenmais. Einen größeren Bogen schlägt die 45 km lange **Burgen-Tour** über die Burg Neunußberg und den Burgturm Kollnburg, ein Gipfelerlebnis verspricht das **Biken** von Arnbruck auf den Großen Arber über die schöne Scharebenhütte (www.zellertal-online.de).

HOTEL

€€ **Hotel Fritz** fühlt sich ganz dem Baum verpflichtet (Drachselsried, www.fritz-asbach.de).

INFORMATION

Tourist-Information, Zellertalstr. 12, 94256 Drachselsried, Tel. 09945 90 50 33, www.zellertal-online.de

⑥ Bodenmais

Mehr als 800 000 Übernachtungen zählte Bodenmais (ca. 3300 Einw.) in den letzten Jahren. Um die Gastronomiedichte beneiden viele andere Ferienorte die Gemeinde, die seit den 1970er-Jahren als Wintersportzentrum der Region gilt. Ihre Anfänge datieren ins 13. Jh., damals fand man Gold, später brachten Erz, Silber sowie Glas bescheidenen Wohlstand.

SEHENSWERT

Auf barrierefreien Führungen gelangen Besucher im **Besucherbergwerk Silberberg** über den 600 m langen Barbarastollen zum „Großen Barbaraverhau" (www.silberberg-online.de, tgl. Mitte April–Juni, Sept., Okt. 10.00–16.00, Juli, Aug. bis 16.45 Uhr, Winter: s. Website, Erlebnisführung April–Okt. Mi., Sa. 10.00 Uhr).

ERLEBEN

Einen Fußweg entfernt sind die **Rißlochfälle** TOPZIEL, die höchsten Wasserfälle des Bayerischen Waldes.
Rund um die **Silberberg-Sesselbahn** finden sich diverse Unterhaltungsangebote: **Tubing- und Sommerrodelbahn, Abenteuerspielplatz, Kinder-Klettergarten** und der **Bade- und Saunapark** am Finkenweg (www.silberbergbad.de und www.silberbergbahn.de). Von der einfachen Tour bis zum **Premiumwanderweg Goldsteig** (www.goldsteig-wandern.de) gibt es **Wanderstrecken** jeder Länge und vieler Schwierigkeitsgrade, manche zu Themen, z. B. die 11-km-Tour „Wildes Wasser" (www.bodenmais.de).

INFORMATION

Bodenmais Tourismus, Bahnhofstr. 56, 94249 Bodenmais, Tel. 09924 77 81 35, www.bodenmais.de

➐ Straubing

Belegbar ist die Zeit römischer Herrschaft in diesem Gebiet. Das ehem. Herzogsschloss (heute Verwaltung), St. Jakob, der Stadtturm und das Rathaus führen in Straubings (ca. 48 000 Einw.) „Goldenes Jahrhundert".

SEHENSWERT

Den 800 m langen **Stadtplatz**, Ludwigs- und Theresienplatz, säumen Häuser vieler Bauepochen. Mittendrin steht der gotische **Stadtturm** mit seinen fünf Spitzen. Die Restaurierungsarbeiten am teilweise abgebrannten **Rathaus** sollen 2021 abgeschlossen sein. Vermutlich hat Albrecht Dürer das Mosesfenster in der um 1400 errichteten **Basilika St. Jakob** entworfen, Hochaltar und Rokokokanzel sind weitere Prachtstücke. Die **Karmelitenkirche** wurde in Backsteingotik erbaut und später barock umgestaltet. Der Hof des **Herzogsschlosses** bietet Platz für die Agnes-Bernauer-Festspiele.

MUSEUM

Das **Gäubodenmuseum** TOPZIEL zeigt viele Schätze – den römischen mit Gesichtshelmen und Rüstungen, aber auch die Kopie eines genauen Stadtmodells aus Holz, das der Drechsler Jakob Sandtner 1586 vollendete (Fraunhoferstr. 23, Tel. 09421 94 46 32 22, www.gaeubodenmuseum.de, Di.–So. 10.00–16.00 Uhr).

INFORMATION

Touristinformation, Fraunhoferstr. 27, 94315 Straubing, Tel. 09421 94 46 91 99, www.straubing.de

---

Genießen   Erleben   Erfahren

Perchten mit Charakter

Seit etwa zehn Jahren geistern im Winter die Perchten, hinter Holzmasken verborgene „Unholde", durch die Region Bodenmais. Beim Herrgottschnitzer Sebastian von Zülow lernt man die Herstellung einer individuellen Schauermaske.

Ein Herrgottschnitzer schnitzt nicht nur Heilande. Um gleich einem möglichen Missverständnis zu begegnen: Es handelt sich um die korrekte Berufsbezeichnung für Holzbildhauer. Sebastian von Zülow, Kirchenmalermeister, ist einer der letzten Herrgottschnitzer von Bodenmais – und er gibt in seiner Werkstatt auch Laien Beitel und Bildhauereisen in die Hand.

An Tieren arbeiten sich die Kinder und Erwachsenen in ihren Einführungskursen hauptsächlich ab, das Schnitzen der Perchten verlangt demgegenüber etwas mehr Übung. Die Freizeitschnitzer wählen bevorzugt den Krampus oder den Teufel als Motiv – individuelle Abweichungswünsche von den an österreichische Perchten angelehnten Standards stellen aber kein Problem dar.

Zur Bemalung der aus Lindenholz geschnitzten Masken reicht die Zeit oft nicht, ein entsprechender Kurs kann sich daher anschließen. Vielleicht tut eine Verschnaufpause aber auch ganz gut: Am zweiten Tag schnitzt meist der Muskelkater im Handgelenk und im Oberarm mit, sagt Sebastian von Zülow.

Weitere Informationen

Kurs
Die Herrgottschnitzer-Werkstatt bietet den Einführungskurs (ab 180 Euro) oder den Perchten-Schnitzkurs (ab 190 Euro) auf Anfrage und zumeist im kleinen Kreis an. Kursdauer: 2 Tage, jeweils 3 Stunden

Adresse
Dreifaltigkeitsplatz 11, 94240 Bodenmais, Tel. 09924 3 93, www.herrgottschnitzer.de

Unter der Hand des Herrgottschnitzers Sebastian von Zülow gewinnen die Perchten, die Schauermasken, zunehmend an schaurigem Ausdruck.

Innenansicht einer Boomtown

Als nahezu unversehrt seit dem Mittelalter erhalten, besitzt Regensburg den einzigartigen Schatz von 1300 denkmalgeschützten Gebäuden – und die anspruchsvolle Aufgabe, dieses Erbe zu pflegen und es modernen urbanen Ansprüchen anzupassen. Beim Gang durch die Stadt wird die schwierige Balance zwischen Bewahren und Bewohnen erkennbar.

Kaufleute ließen im Mittelalter die Steinerne Brücke in Regensburg erbauen, um auf dem Handelsweg von Wien einen Übergang über die Donau zu schaffen.

Am Donauufer in Regensburg ist richtig, wer sich für Schaufelraddampfer interessiert: Das Donau-Schifffahrts-Museum hat seinen Platz auf zwei historischen Schiffen.

Im üblichen Besichtigungsprogramm von Regensburg stehen die Schwerpunkte meist fest: Porta Praetoria, Legionslagermauer, Dom, Steinerne Brücke ... Aus der Römerzeit und dem Mittelalter stammen die Bauwerke, an denen kein Besucher vorbeikommt. Oder doch? Ist es nicht genauso spannend zu erfahren, wie die Menschen heute mit und in den historischen Hinterlassenschaften zurechtkommen?

Abseits der touristisch abgetrotteten Straßen führt eine solche Frage in die Seitengassen und eine ganz andere Regensburger Geschichte: zu Beispielen der Sanierung durch die Jahrzehnte und zum sensationellen Aufstieg einer fast schon abgeschriebenen Stadt. Denn wer in den 1960er-Jahren auf dem Weg nach Prag war, glaubte sich in Regensburg bereits im Ostblock angekommen. Studenten der 1967 eröffneten Universität erinnern sich an eine verwahrloste Altstadt. „Da wusste ich, wie es hier von hinten aussieht", erzählt Ulrike Unger, pensionierte Geschichtslehrerin, aus der Erinnerung an ihren ersten Erkundungsgang vor 50 Jahren, „aber die Frage blieb: Wie sieht es von vorn aus?"

Am Original orientiert

Am blitzblank sanierten Haidplatz oder rings um den Alten Kornmarkt scheint dieses Bonmot heute absurd, am Spielplatz zwischen der Keplerstraße und dem Scheugässchen wird es verständlich. Dort steht ein dreistöckiges Wohnhaus, in dem nach Kriegsende zeitweilig mehr als 90 Leute lebten. Nach 1945 sprach sich schnell herum, dass Regensburg weitgehend intakt geblieben war; Vertriebene und aus den Lagern Befreite kamen in Massen. In dem heute glatt verputzten Haus brach 1955 das Treppenhaus in sich zusammen – gottlob ohne Opfer! Andere Orte zogen längst ihre Nachkriegsbauten hoch. Nicht so Regensburg, wo die seit Jahrhunderten abgewohnten Häuser aber offensichtlich nicht mehr gefahrlos nutzbar waren.

Zum Glück fehlte das Geld zum Abriss, sonst würde es manchen Straßenzug wohl nicht mehr geben. Das Zauberwort lautete „Bauen im Bestand", sein Meister hieß Hans Döllgast. Der Architekt und Hochschullehrer verfuhr an Regensburgs erstem Sanierungsfall im Scheugässchen nach der Devise: eine Häuserzeile abreißen, eine erhalten. Zwei historische Geschlechtertürme beließ er hier, ein dritter wurde rekonstruiert und in der Anmutung angepasst.

Gegen die Gentrifizierung

Dass sich seit dem Mittelalter rund 50 Prozent der Wohnfunktion erhal-

Zum Glück fehlte das Geld zum Abriss, so blieb mancher Straßenzug bestehen.

ten hat, macht die Sache leichter. Es ist aufwendiger zu sanieren, wenn die Nutzungszwecke abweichen. Heute leben wie im Mittelalter rund 15 000 Menschen in der Altstadt, daraus formuliert sich der Anspruch, diesen Kern als Wohnort zu bewahren. Idealerweise für eine bunt gemischte Gesellschaft, das bannt die Gentrifizierungsgefahr, der man sich bewusst ist. Deswegen darf schon mal ein Rollstuhlzugang angebaut werden und auch fassadenschonend montierte Holzbalkone erlaubt der Denkmalschutz.

Links: Das Brücktor bildet eine schöne Kulisse beim Festumzug der Maidult.

Am Regensburger Dom, der als Welterbe der UNESCO geschützt ist, lässt sich die Gotik in schönster Ausprägung erkennen: im hohen, aufstrebenden Mittelschiff (rechts oben) wie an dem auf feine Art aus Holz herausgearbeiteten Lachenden Engel (links unten).

Dass sich auch mit Verkehrswegen dauerhafte Werte schaffen lassen, beweist die Steinerne Brücke in Regensburg, die von der Altstadt nach Stadtamhof hinüberführt.

Die Untere Bachgasse in Regensburg prägen Cafés und kleine Läden.

Astreine Angeber-Architektur

Neben dem gotischen Dom gehören die Geschlechtertürme zu den Blickfängen im Stadtpanorama. Ehedem waren es 50, heute stehen noch etwa 20 – einst errichtet, um den patrizischen Reichtum zu demonstrieren, trug man viele nach dem Ende der mittelalterlichen Blütezeit ab, weil der Einsturz drohte. In den bestehenden Türmen befinden sich heute Wohnungen unter hohen Holzdecken. Sie sind wegen der nach oben hin immer winziger werdenden Fenster recht dunkel. Die Denkmalschutzauflagen sind hier streng: Nie dürfte ein Aufzug eine dieser Decken durchbrechen, da versteht das Bayerische Denkmalschutzgesetz von 1973 keinen Spaß.

Mit viel Prestige

Anders sieht es aus, wenn es bereits ein Loch in den Geschossen gibt wie im historischen Salzspeicher. Der erhebt sich direkt an der Donau neben der Steinernen Brücke, und damit die Salzfässer auch in den zweiten Stock gelangten, gab es mitten im Haus eine Seilwinde. Im Erdgeschoss des Salzstadels liegt das Besucherzentrum der UNESCO-Welterbestadt Regensburg. Die Sanierung des Bauwerks geschah nach allen Regeln der Kunst. Altes blieb bestehen, das Neue unterstützt die Funktion, ohne

Sonja Silberhorn

Morde in Serie

Der Spagat ist schon erstaunlich: Nach außen ist Sonja Silberhorn eine fröhliche junge Frau, die ihren Alltag als berufstätige Mutter zwischen Schreibtisch und Wäschebergen stemmt. Doch sobald sie sich an die Tastatur setzt, wird's lebensgefährlich – zumindest für die Opfer ihrer Krimireihen.

Denn wenn die Autorin ihre Ermittlerinnen losschickt, hat es in Regensburg oder im Bayerischen Wald Tote gegeben. Die erste Reihe, deren fünf Teile zwischen 2011 und 2017 erschien, gab Kommissarin Sarah Sonnenberg und ihrem Kollegen Raphael Jordan harte Nüsse in Regensburg auf. Die Bände „Naabtalblues" und „Waidlertod" führen die Kommissarin Lene Wagenbach in den Bayerischen Wald. Auch wenn es sonst wenige Überschneidungen zwischen der Autorin und ihren Protagonistinnen gibt – diese Entwicklung habe sie genauso durchlaufen, sagt Sonja Silberhorn,

Verfasst Krimis mit Esprit – Sonja Silberhorn

und ihr Herz fürs Umland entdeckt. Die Ideen zu ihren Romanen liefern meist aktuelle Ereignisse. So hat sie für den „Naabtalblues" (2019) die #MeToo-Debatte inspiriert, manchmal setzen Zeitungsmeldungen ihre Vorstellungskraft in Gang. Silberhorn (Jg. 1979), die keine Krimis mehr liest, seit sie selbst welche schreibt, ist immer nah dran an ihren Ermittlerinnen. Dass denen die Fälle ausgehen, brauchen Fans nicht zu befüchten.

Seit 1573 schon prangt das Fresko an der Fassade: Das Goliathhaus steht mitten in Regensburgs Altstadt an der gleichnamigen Gasse.

Der älteste Platz in der Stadt ist der Haidplatz, dessen Flair Straßenmusiker genauso schätzen wie …

… die Restaurant- und Hotelgäste der stattlichen Gebäude, die ihn rahmen: Darunter sind das Altstadthotel Arch (links im Bild) und das Haus zum Goldenen Kreuz (rechts), ebenfalls ein Hotel.

Hinter der Grieb ist die Adresse des Löblturms. Er ist einer der Geschlechtertürme, die reiche Patrizier im Mittelalter in Regensburg als Statussymbol erbauten.

Einfach mal probieren, der „Hutmacher am Dom" (o.) möchte jeden Kopf behüten – egal, ob er zu einem Präsidenten oder einer stilbewussten Kundin gehört. Mit dem neuen Stück zeigt man sich am besten gleich in den Gassen der Altstadt (Mitte). Und verlässt sich dort auf seine Nase – der Weg führt dann vielleicht zur Historischen Wurstkuchl (u.) nahe der Steinernen Brücke.

verschmelzen zu wollen, Elemente wie Geländer, Belüftungsrohre oder die Beleuchtung zeigen ihre modernen Materialien unverbrämt. Ein wahres Wunderwerk ist der Dachstuhl, in dem Hunderte Balken den Speicher stützen, der nichts weiter birgt als heiße Luft. Ein Prestigebau der Jahre 1616 bis 1620, mit dem man sich gegen die bayerische Konkurrenz vom anderen Ufer abheben wollte und Höhe schinden musste.

Dass dort, in Stadtamhof, ein anderer Geist wehte als im reichsfreien Regensburg, lässt sich bis heute spüren. Statt des chaotischen Wirrwarrs kleiner Gassen säumen dort ordentliche Häuser die breite Straße – München lässt grüßen.

Verkehrsbild ohne Auto

Alle 1960er-Jahre-Pläne, autofreundliche Schneisen ins Stadtbild zu schlagen, brachten glücklicherweise die Eigentumsverhältnisse zu Fall: Wenn auch nur ein Besitzer dem Abriss nicht zustimmt, fällt er flach. An dem Punkt scheiterte auch eine Donauüberquerung für Fahrzeuge. Es gibt weder genug Platz für eine Brückenrampe noch für eine Tunneleinfahrt. Nachdem ein Bürgerentscheid die Steinerne Brücke 1997 für den Autoverkehr sperrte, fuhren noch elf Jahre lang Busse Richtung Stadtamhof. Auch das ist nach der jüngsten Sanierung vorbei. Sie war nötig geworden, weil sich Streusalz in die Substanz gefressen hatte.

In Stadtamhof wehte ein anderer Geist als in Regensburg.

Die Steinerne Brücke, den wahrscheinlich reichswichtigsten Bau des 12. Jahrhunderts, vollendete ein unbekannter Baumeister nach nur elf Jahren Arbeit im Jahr 1146. Auf 750 Donaukilometern zwischen Ulm und Wien entstand hier ein Übergang – heute sind die Entfernungen nicht ganz so dramatisch, aber immerhin vier Kilometer liegen zwischen Autobahn- und Nibelungen-

Dieser Erhabenheit kann sich kaum jemand entziehen: Von dem Säulengang der Walhalla, die einem klassizistischen Tempel gleicht, reicht der Blick weit über die Donau hinweg. Der Architekt orientierte sich in Donaustauf am Parthenon in Athen.

brücke, die die Donau als Straßenbrücke überspannt. Nur noch Radfahrer und Fußgänger dürfen die Steinerne Brücke nutzen. Die Planer kamen ihren Altstadtbürgern aber mit der Ausweisung von „Wohnverkehrsstraßen" entgegen, statt reine Fußgängerzonen einzurichten.

Protest mit Schlusspointe

Wie in allen echt alten Städten ist auch hier der bürgerliche Widerspruchsgeist echt und alt. Drei Mal lehnten die Regensburger mit jeweils über 70 Prozent der Stimmen den Bau einer Stadthalle ab. Am 7. Dezember 2011 wussten die Stadtväter, wozu es gut war. Das Gelände direkt an der Donau, das jahrelang den

hilflosen Titel „kultureller Platzhalter" trug, erhielt unter 20 bayerischen Städten den Zuschlag für das Museum der Bayerischen Geschichte. Ein Architekturbüro aus Frankfurt gewann den Wettbewerb und nahm durch dachhohe Fenster im Mittelteil eine Anleihe bei der Regensburger Gassenstruktur. Seit 2019 hat das Museum geöffnet.

Im Boom

Und wer hat die Sanierung der Altstadt bezahlt? Der Wirtschaftsaufschwung. Seine Wertschöpfung hat die Stadtfinanzen lockergemacht. Heute gibt es 130 000 Arbeitsplätze und ca. 32 000 Studenten, die als qualifizierter Nachwuchs in den

Startlöchern stehen. Seit zuerst Siemens, dann BMW und in den 1990er-Jahren dann die sogenannte Cluster-Politik Zukunftstechnologien in der Oberpfalz ansiedelten, boomt die Stadt. Jährlich kommen zu den ca. 164 000 Regensburgern 1000 Neubürger hinzu. WG-Zimmer und preiswerter Wohnraum sind Mangelware. Da kann es schon mal passieren, dass ein grüner Bürgermeister mit der Überbauung eines Biotops in die Schlagzeilen gerät. Die Preise steigen, kein Wunder. Aus dem ehemaligen Armenhaus hat sich der bayerische Regierungsbezirk mit den höchsten Wachstumsraten entwickelt – die alten Römer wären stolz auf ihr Castra Regina.

Oben: Der Außenfassade der Befreiungshalle in Kelheim sind 18 Pfeiler mit Kolossalstatuen vorgelegt. Sie sind Allegorien der deutschen Volksstämme.

Mitte: Der Architektur der Befreiungshalle liegt die Idee des Zentralbaus zugrunde, nicht zuletzt in Anlehnung an antike Bauten.

Oben: Der Architekt Leo von Klenze erbaute die Walhalla bei Donaustauf. Persönlichkeiten „teutscher Zunge" sind hier in Marmorbüsten verewigt.

Im Innern der Befreiungshalle in Kelheim huldigen 34 Siegesgöttinnen, die einen Reigen bilden, den Erfolgen der Befreiungskriege gegen Napoleon.

DAS JÜDISCHE REGENSBURG

Alte Last und neuer Anfang

Im Februar 2019 eröffnete die neue Synagoge: die fünfte Gebetsstätte seit Beginn der jüdischen Geschichte in Regensburg um das Jahr 900 und auf den Tag genau 500 Jahre nach der Vertreibung der größten jüdischen Gemeinde des Heiligen Römischen Reiches.

Zeuge der Judenvertreibung und Grund für Diskussionen: die „Judensau" (14. Jh.) am Regensburger Dom

Wenn man weiß, dass man gerade eine ordentliche Dummheit begangen hat, betreibt man danach gern Überkompensation – erst böse, dann artig; erst ungerecht, dann heilig. Der Mechanismus ist vermutlich so alt wie die Menschheit selbst, und auch in Regensburg lässt er sich nachweisen. In der reichen Stadt, deren patrizische Bewohner so vollgesogen waren mit Geld, dass sie Türme bauten, um dem Nachbarn eins auszuwischen, lief es irgendwann nicht mehr rund. Über Jahrhunderte war man eine der wohlhabendsten Städte im Heiligen Römischen Reich, und dann eroberten die Türken Konstantinopel, ein wichtiger Absatzmarkt brach weg, die Handelsströme verlagerten sich. Auf einmal fehlte das Geld an allen Ecken, und ein Schuldiger musste her. Man fand ihn in seinen jüdischen Mitbewohnern.

Nach Rauswurf Abriss

Um das Jahr 1500 zählte die jüdische Gemeinde 500 Mitglieder. Ein halbes Jahrtausend lang hatten Juden und Christen an der Donau relativ friedlich nebeneinander gelebt. Dann starb Kaiser Maximilian im Januar 1519. Der Stadtrat von Regensburg reagierte rasch und ließ kaum einen Monat nach dem Tod des Herrschers verlauten, dass man künftig nicht mehr für die Sicherheit jüdischer Einwohner garantieren könne. Innerhalb von fünf Tagen mussten sie ihre Sachen packen und die Stadt verlassen.

Ende Februar 1519 begann der Abriss der Synagoge. Dabei fiel ein Handwerker vom Gerüst, den man wie leblos nach Hause trug. Doch er erwachte unversehrt aus der Ohnmacht, das musste – Zeichen der Überkompensation – ein Wunder sein.

Man errichtete an Ort und Stelle eine Kapelle, in die bald die Wallfahrer pilgerten. Noch im Mai desselben Jahres kamen an nur einem Wochenende 50 000 Menschen in die Stadt. Für künftige Massen entstand die Neupfarrkirche, doch schon 1525 ließ die Reformation das Interesse an der Wallfahrt Zur Schönen Maria stocken. So blieb es bei der kleinen, ab 1542 evangelischen Kirche, neben der bei der Platzsanierung in den 1990er-Jahren Reste der Grundmauern der Synagoge zum Vorschein kamen. Dani Karavan setzte 2005 das Bodenkunstwerk „Misrach" darauf,

Oben: Bis ins 19. Jahrhundert gehen die Grabsteine auf dem alten jüdischen Friedhof in Regensburg zurück.

Links: Die neue Synagoge in Regensburg, erbaut von Staab Architekten, ist innen mit dem Holz der Hemlocktanne gestaltet.

das die trapezförmige Struktur der erstaunlich kleinen Synagoge von 1230 wiedergibt.

Ein hoffnungsvoller Neubeginn

Stolpersteine erinnern heute auch an der neuen Synagoge in Regensburg an die Opfer des Nationalsozialismus. Zwischen 500 und 1000 Juden sollen wieder in Regensburg leben. Am Eingang der Synagoge schwebt ein Zitat von Rose Ausländer über den Köpfen der Besucher. Nur durch eine doppelte Sicherheitsschleuse gelangen sie hinein, dem Frieden ist auch im 21. Jahrhundert nicht zu trauen.

Jüdische Stätten

....

Besichtigung & Führung

Neue Regensburger Synagoge, Am Brixener Hof 2, 93047 Regensburg, https://synagoge-regensburg.de (nur im Rahmen von Führungen)

document Neupfarrplatz, Museen der Stadt Regensburg, Dachauplatz 2–4, 93047 Regensburg, Tel. 0941 5 07 14 42, www.regensburg.de (nur im Rahmen von Führungen)

„Zachor – Erinnere Dich!" – das jüdische Regensburg, Regensburg Tourismus, Tel. 0941 5 07 34 17, https://tourismus.regensburg.de

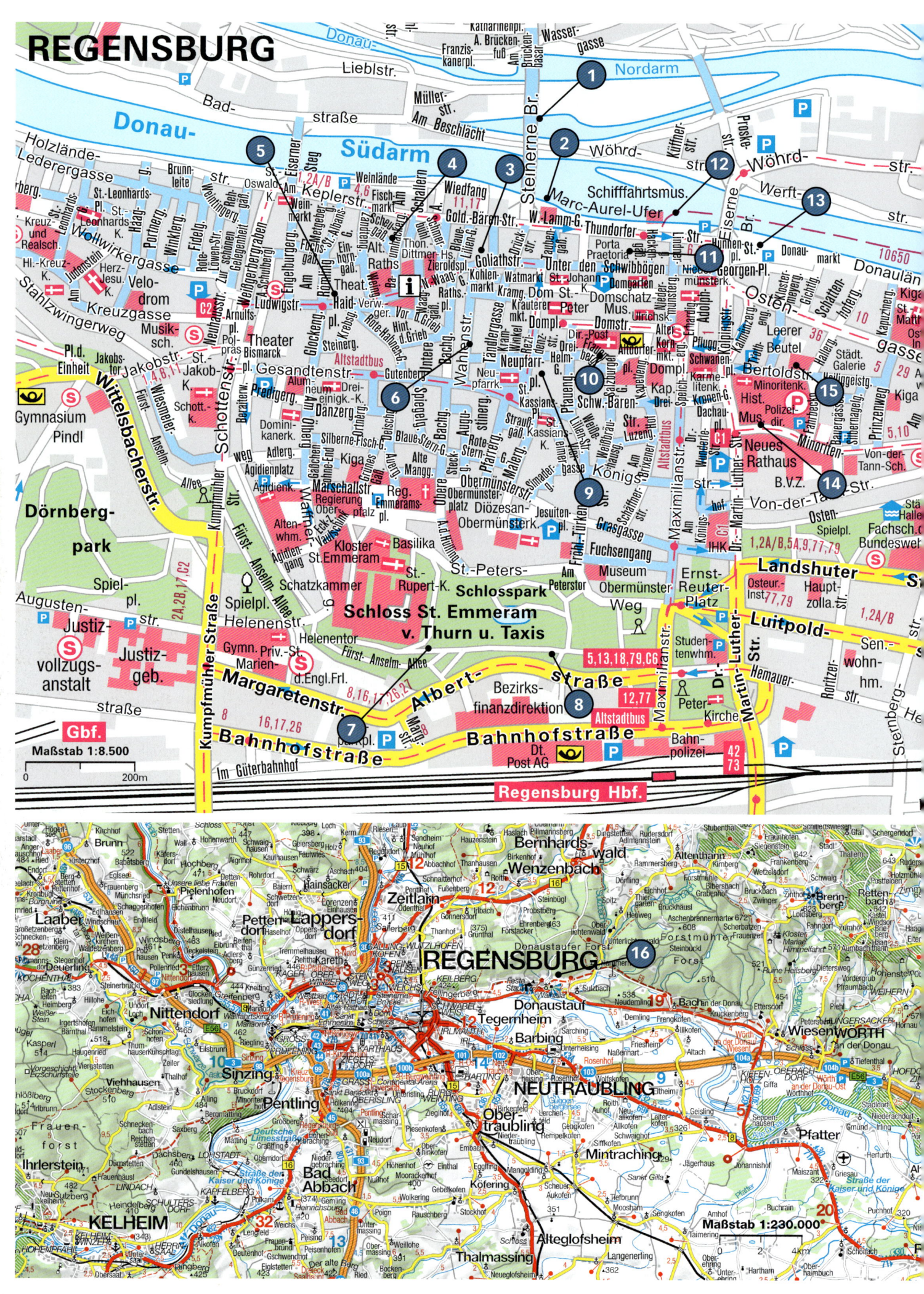

Fürsten, Feste und feine Filze

Mit Baudenkmälern gefüllt wie ein Freilichtmuseum ist die Hauptstadt der Oberpfalz, doch alles andere als leblos. Vielmehr findet hier statt, wovon andere deutsche Städte nur träumen können: die selbstverständliche Nutzung historischer Gebäude durch Einwohner, Studenten und rund 620 000 Besucher pro Jahr.

Regensburg

ALLGEMEIN

Die überschaubare Großstadt mit ca. 164 000 Ortsansässigen, darunter Tausenden Studierenden, ist die einzige mittelalterliche Stadt dieser Größenordnung, die nach dem Zweiten Weltkrieg in Deutschland nahezu unzerstört geblieben war. Es gibt mehr als 1000 Denkmäler, manche sind bis zu 1000 Jahre alt – einerseits. Und andererseits gilt Regensburg als Ostbayerns Wirtschaftsmotor mit etwa 130 000 Arbeitsplätzen im Stadtgebiet, viele davon in den Bereichen IT, Sensorik und Biotechnologie. Seit 2006 gehören Altstadt, Steinerne Brücke und Teile von Stadtamhof auf der anderen Donauseite zum UNESCO-Welterbe.

SEHENSWERT

Die Bauarbeiten zur knapp acht Meter breiten und gut 300 Meter langen ➊ **Steinernen Brücke** TOPZIEL begannen 1135. Für die jüngste Sanierung der Steinbogenbrücke verwendete man weitgehend authentische Materialien. Als letzter von ehemals drei Türmen steht noch der ➋ **Brückturm** aus dem 13. Jh. direkt am Salzstadel von 1616. Das **Welterbezentrum im Salzstadel** widmet sich der Geschichte der Stadt (Weiße-Lamm-Gasse 1, www.regensburg.de, tgl. 10.00–19.00 Uhr). Richtung Altstadt fällt der Blick vom Turm aufs ➌ **Goliathhaus.** Das Gebäude (13. Jh.) zählt mit dem Haus Heuport am Dom zu den größten bürgerlichen Stadtburgen. Ein weiteres Zeugnis von Baukunst und Reichtum des 13. Jh. legt das ➍ **Alte Rathaus** ab: Errichtet 1245 (in dem Jahr, als Regensburg Freie Reichsstadt wurde), erhielt es seinen Tanzsaal 1360. Darin tagte ab 1663 der Immerwährende Reichstag – eine Art Parlament-Vorläufer. Vom gotischen Erker aus, der auf den Rathausplatz blickt, zeigte sich der Kaiser bei Bedarf der Bevölkerung (www.regensburg-bayern.de, Führungen April–Okt. tgl., halbstdl. 9.30–12.00, 13.30 bis 16.00 Uhr, sonst weniger).
Die nächste Station auf dem Rundgang ist der ➎ **Haidplatz** mit den schönen Patrizierpalästen ringsum. In der Neuen Waag befand sich

Treffpunkte in Regensburg: Kohlenmarkt und Dom (o.), „Milchpilz" am Bahnhof (re. o.), Haidplatz, das „Wohnzimmer der Stadt" (u.)

die mittelalterliche Stadtwaage. Mit 50 m reicht der ➏ **Goldene Turm** (Wahlenstraße 14) so hoch, dass man das Pyramidendach nur aus der Entfernung sieht. Das „Angeberbauwerk" der Patrizierfamilie Haymo ist heute Studentenwohnheim.
Gewissermaßen ins gemachte Nest konnte sich die Familie von Thurn und Taxis setzen, nachdem sie dem Königreich Bayern die Postrechte abgetreten hatte und als Entschädigung die Klosteranlage **St. Emmeram** erhielt. Der erste Bau der Abteikirche datiert auf das Jahr 780, nach etlichen Bränden entstand die dem heiligen Emmeram geweihte Kirche mehrfach neu; die tiefgreifendste Veränderung erfuhr sie im Barock durch die Brüder Asam. Teile des Konventgebäudes bauten die Thurn und Taxis um bzw. neu, bis heute bewohnt die Familie einen Trakt im ➐ **Fürstlichen Schloss,** das ein großzügiger Park umgibt (https://thurnundtaxis.de, Mitte März–Mitte November 60- und 90-minütige Führungen). Dort steht auch, was in den 1950er-Jahren viele Innenstädte tupfte: ein „Milchpilz", an dem einst der Milchabsatz gefördert werden sollte. Das Regensburger

➑ **„Milchschwammerl"** (oder „Milchpilz") mit der Nummer 38, eines der letzten acht, die noch in Betrieb sind, dient heute als Stehcafé an der Fürst-Anselm-Allee.
Durch die Fröhliche-Türken-Straße geht es von dort Richtung ➒ **Neupfarrplatz** zur Neupfarrkirche und mehr noch zum document Neupfarrplatz (nur mit Führung Do., Fr., Sa. 14.30, Juli, Aug. zusätzlich So., Mo.; s. DuMont Thema „Das jüdische Regensburg"). Die unterirdische Anlage, auch im Sommer gruftkalt, bereitet die jüdische Stadtgeschichte auf.
Den Höhepunkt im Stadtbild markiert der ➓ **Dom,** ein Beispiel reiner Gotik. 1275 begonnen, wurden die Türme erst im 19. Jh. fertiggestellt – Köln lässt grüßen. Anders als im großen Bruder am Rhein aber haben sich in Regensburgs St. Peter fast alle Glasfenster original erhalten. Schöne Details an der Fassade bilden

Konzert im Innenhof des Thon-Dittmer-Palais (o.), Hotelschiff vor dem Dultplatz (u.), Goldener Turm vom Restaurant Storstad aus

die Wasserspeier, von Ost nach West immer gruseliger gestaltet, und das Hauptportal: ein Gewändeportal auf einem dreieckigen Grundriss mit reichen Reliefs.
In die Zeit, als Regensburg noch Castra Regina hieß, versetzt die **⑪ Porta Praetoria.** Im Jahr 179 n. Chr. fertiggestellt, umfasste das Lager eine Fläche von 540 mal 450 m, auf der bis zu

6000 Soldaten lebten. Das nördliche Tor und ein Teil der Mauer, der im Parkhaus Dachauplatz freigelegt ist, belegen das römische Erbe der Stadt – aber wer genau schaut, entdeckt an mehreren anderen Stellen antikes Gemäuer. Viele markante Häuser bzw. Wohntürme säumen die Innenstadtstraßen, zusätzlichen Spazieranreiz schaffen die **28 Brunnen.** Drei davon bilden den sogenannten **Brunnenzyklus:** der Justitiabrunnen auf dem Haidplatz, der ab 1656 die Stadt mit Frischwasser versorgte, der Fortitudobrunnen am Fischmarkt von 1610 und der Friedensbrunnen von 1661 im Innenhof des Alten Rathauses.
Auch die Straßennamen sorgen für Unterhaltung: Vom Kuhgässel, der engsten Straße, in der Kuh und Bauer nicht aneinander vorbeipassten, übers Einhorngässchen bis zum Roten Herzfleck (beides ehedem Namen von Wirtshäusern) – der Blick aufs Schild lohnt.

MUSEEN

Das **⑫ Donau-Schifffahrts-Museum** hat auf zwei historischen Schiffen Platz (www.donau-schiffahrtsmuseum-regensburg.de).
Ob alles so staatstragend ist, was das **⑬ Haus der Bayerischen Geschichte** zeigt, sei dahingestellt – aber eine Ausstellung mit Augenzwinkern senkt sicher die Besuchsschwelle. Von 1806 bis in die Jetztzeit präsentiert das 100-Mio.-Euro-Museum in bester Donaulage 1000 Objekte, um die sich die bayerische Geschichte rankt (Donaumarkt 1, www.museum.bayern, Di.–So. 9.00 –18.00 Uhr). Den gehobenen Anspruch bedient das **⑭ Historische Museum.** Von der Steinzeit bis ins 19. Jh. reichen seine Exponate (Dachauplatz 2–4, www.regensburg.de, Di.–So. 10.00–16.00 Uhr). 11 000 eingeschmolzene Sternchen aus Gold zieren das wertvollste Stück im **⑩ Domschatzmuseum:** Ein Emaillekästchen, bemalt mit Fabeltieren, entstand um 1400 an einem französischen Fürstenhof (nahe dem Dom;

Krautermarkt 3, www.bistumsmuseen-regensburg.de, Mo.–Sa. 11.00–17.00, So. ab 12.00 Uhr).

VERANSTALTUNGEN

Regensburg brummt – von Mai bis September gibt es von der **Dult** (s. Unsere Favoriten, Feste) über das Open Air **Zuckerbrot & Peitsche** und die **Klangfarben** bis zum **Theaterfest** Events für jeden Geschmack (immer aktuell: https://tourismus.regensburg.de, „Regensburg erleben/Für Entdecker"). Ein Klassiker ist das **Bayerische Jazzweekend,** das Mitte Juli nahezu rund um die Uhr mehrere Bühnen bespielt – u. a. im Thon-Dittmer-Palais (www.bayerisches-jazzweekend.de).
Zum Jahresausklang findet im Schlosshof St. Emmeram ab Ende November ein schöner **Weihnachtsmarkt** statt, der allerdings ordentlich Eintritt kostet (www.thurnundtaxis.de).

HOTELS

Ein Hotel, drei Standorte: Das €€ **Hotel Orphée** bietet im Stammhaus (Großes Haus) in einem Barockpalais 38 fein möblierte Zimmer, im Kleinen Haus am Kohlenmarkt 15 Zimmer und in Stadtamhof zehn Zimmer im Andreasstadl, sechs mit eigener Terrasse. Die Bloggerin Annette Ebmeier leitet das Hotel, im Großen Haus befindet sich ein französisches Restaurant (Untere Bachgasse 8/Wahlenstr. 1/ Andreasstr. 26, www.hotel-orphee.de).

Tipp

Vielseitig

....

Der schöne Name **⑮** „Leerer Beutel" täuscht in jeder Hinsicht: Das rd. 50 mal 20 m lange Gebäude aus dem 13. Jh., einst ein Kornlager (das man mit leerem Beutel betrat und mit gefülltem verließ), steckt bis zum Dach voller kultureller Angebote. Auf sieben Stockwerken gibt es ein Restaurant, einen Jazzclub, das Altstadtkino, die Städtische Galerie und das Depot des Historischen Museums.

Bertholdstr. 9, Tel. 0941 5 89 97 (Restaurant), https://leerer-beutel.de

---

Tipp

Schief gewickelt

....

Das Entree des Kunstforums Ostdeutsche Galerie zeigt, worum es hier geht: einen anderen Blick. Als hätten die (schiefen) Säulen rote Strümpfe an, so lässt sie die Installation von Magdalena Jetelová erscheinen. Dabei ist der klassizistische Vorbau natürlich gerade und das Haus dahinter ursprünglich eine Turnhalle gewesen. Jetzt beherbergt es die Kunst aus ehemaligen deutschen Siedlungsgebieten im Osten und aus der DDR sowie zeitgenössische Werke aus Mittel-, Ost- und Südeuropa.

Dr.-Johann-Maier-Str. 5 (westl. des Zentrums), www.kunstforum.net, Di. bis So. 10.00–17.00, Do. bis 20.00 Uhr

---

„... das war nicht auf Hochglanz poliert wie andere Teile der Stadt, aber (...) das gefiel mir."
aus: Sonja Silberhorn, Regenwalzer

Als unprätentiöse Unterkunft empfiehlt sich €€ **Hotel Rosi,** frisch renoviert (Fröhliche-Türken-Straße 11, www.hotel-rosi.de).

RESTAURANTS, CAFÉS

Das € **Orkan** wirkt von den blanken Tischen bis zur historischen Holzdecke ungekünstelt, die Speisekarte wagt Cross-over – und das ganze Restaurant ist so beliebt, dass eine Reservierung Sinn macht (Holzländestr. 1, Tel. 0941 5 46 05, www.orkan.metro.biz).

€€€€ **Restaurant Storstad:** s. S. 19.

In der € **Historischen Wurstkuchl** geht es, klar, vor allem um Würstl, die aus der eigenen Metzgerei stammen und auf dem offenen Holzkohlengrill brutzeln, sodass man es im Umkreis von 500 m riechen kann. Nur echt mit Elsa Schrickers Wurstkuchl-Senf (Thundorferstr. 3, Tel. 0941 46 62 10, www.wurstkuchl.de).

Für den Nachtisch sorgen die feinen Kuchen und Pralinen im € **Café Prinzess.** Die Tradition der Kaffeehäuser reicht bis ins Jahr 1686 zurück – damals eröffnete das Prinzess als zweites seiner Art in Mitteleuropa und versüßte wohl schon den Gesandten des Reichstags die Verhandlungen (Rathausplatz 2, Tel. 0941 59 53 10, www.cafe-prinzess.de).

Ein hipper Tipp für moderne Kaffeegenießer: das € **Café 190°** (Am Brixener Hof 7, Tel. 0941 5 17 27, www.rehorik.de).

EINKAUFEN

Neben modebewussten Kunden und Kundinnen hat der **Hutkönig am Dom** einen „verrückten Hutmacher" in der Disney-Produktion „Alice im Wunderland" ausgestattet. Über 100 Jahre Tradition, 10 000 Holzhutformen und 15 000 vorrätige Kopfbedeckungen sprechen für sich (Krautermarkt 1, www.hutkoenig.de).

UMGEBUNG

Zweimal bedeutungsschwere Architektur in bester Lage: Die 16 **Walhalla** ließ König Ludwig I. von 1830 bis 1842 errichten. Leo von Klenze war mit dem 4-Mio.-Gulden-Projekt beauftragt. Heute beachten die Besucher vielleicht weniger die 130 Büsten meist männlicher Prominenz und die 65 Gedenktafeln, sondern blicken eher auf die Donauschleife (12 km östl., Walhallastr. 48, Donaustauf, www.schloesser.bayern.de, April–Okt. 9.00–18.00, Nov.–März 10.00–12.00 und 13.00–16.00 Uhr).

30 km westlich von Regensburg thront die **Befreiungshalle** von Kelheim gleichfalls über der Donau (Befreiungshallestr. 3, www.schloesser.bayern.de, April–Okt. 9.00–18.00, Nov.–März 10.00–16.00 Uhr, s. Karte S. 6).

Ein weiterer Ausflug führt ins ehemalige Benediktinerkloster **Reichenbach** (40 km nördl.). Hinter den schmucklosen Mauern von Mariä Himmelfahrt verbirgt sich eine jubelnde Rokokokirche (Eustachius-Kugler-Str. 2, www.barmherzige-reichenbach.de).

INFORMATION

Tourist-Information Regensburg, Rathausplatz 4, 93047 Regensburg, Tel. 0941 5 07 44 10, www.tourismus.regensburg.de

Genießen   Erleben   Erfahren

Stadttour ohne Stress

DuMont Aktiv

Das Konzept von Eat the World ist einfach: probieren und studieren – oder jedenfalls die wichtigsten Fakten zur Stadt erfahren, während man dort einkehrt, wo es auch die Regensburger hinzieht. Am Ende der Tour sind alle satt und wissen dennoch Bescheid.

Geführte Stadtbesichtigungen verlangen Konzentration, Mobilität und eine stabile Blase. Wer gern Pausen einlegen, Einblicke abseits der Sehenswürdigkeiten suchen und keinesfalls ein Segway besteigen möchte, verzichtet deshalb meist oder orientiert sich an Bewertungsportalen, die oft jedoch von anderen Ortsfremden bedient werden. Aber es gibt einen Ausweg aus dem Dilemma: die kulinarische Stadtführung.

Verteilt auf drei Stunden kehrt die kulinarische Tour von Eat the World in sechs bis sieben Regensburger Lokalen ein, die variieren können. Dort stehen die kalten oder warmen Kostproben schon vorbereitet – großzügig genug, um einen Eindruck von der jeweiligen Küche zu gewinnen; klein genug, um unbeschwert den Rundgang fortsetzen zu können. Der macht an bemerkenswerten Stationen halt und erzählt von der bewegten Stadtgeschichte. Besonders aufschlussreich wird die knapp drei Kilometer lange Führung durch Regensburgs Ostviertel, wenn echte Insider-Informationen auf den Tisch kommen. Während die Besitzer über ihr Restaurant oder örtliche Spezialitäten plaudern, kauen die Gäste und lauschen dankbar.

Weitere Informationen

Kontakt:
www.eat-the-world.com
Tour Regensburg-Altstadt Ost:
Start am Dachauplatz, Abschluss im Kaffeehaus; Lokale abseits der Touristenpfade

Kosten: ab 39 Euro, ohne Getränke
Zeit: Freitag und Samstag, bis zu drei Mal
Gruppe: max. 17 Personen, auch private Führungen

Köstlich sehen die Schnittchen aus, die bei Rehorik Delikatessen im Rahmen der Stadtführung gereicht werden, verlockend die Feinkost im Laden.

Durchs Herzland

In der Region zwischen Regen, Viechtach und Deggendorf zeigt der Bayerische Wald sein liebliches Gesicht: Misch- und Nadelwälder wechseln mit Obstwiesen, Höhenzüge mit Flussniederungen. Dazwischen gibt es Attraktionen aller Art – vor Jahrmillionen aus Stein gebildet, von Barockkünstlern geschaffen und zur Belustigung kleiner Besucher erdacht.

Könnten die Bedingungen besser sein? Die glatte Wasseroberfläche des Höllensteinsees ist wie gemacht fürs Stand-up-Paddling an diesem Sommertag.

An der höchsten
Stelle des Pfahls
thront die Burgruine
Weißenstein – auf
750 Metern.

Der Schwarze Regen quert Niederbayerns nördlichsten Landkreis und gibt ihm und der Stadt
Regen ihren Namen. Der Turm der dortigen Pfarrkirche St. Michael wirkt noch heute wehrhaft.

Die Wiesen um Rinchnach sind für die Schafzucht bestens geeignet, was sich die Familie Perl seit Jahrhunderten zunutze macht.

Der Forstgasthof ist bei Wanderern wie Mountainbikern beliebt, die den Geißkopf bei Bischofsmais zum Ziel haben.

»Draußen auf den krummen Touren, auf den schmalen Pfaden zu sich kommen, sich entgegenwandern und sich begreifen lernen als Teil des Weges, … «

Harald Grill

So einfach ist es nicht in der Region: Es gibt den Inneren und den Vorderen, den Oberen und den Unteren Bayerischen Wald, und dazwischen liegt eine Talsenke, durch die der Regen fließt. Rund um dieses Tal – hier ließe sich vom Mittleren Bayerischen Wald sprechen – erscheint die Landschaft so hügelig und waldreich, wie es die Regionenbezeichnung insgesamt suggeriert. Das Teilstück des Flusstals zwischen Teisnach und Regen nennt man wegen seiner einsamen Schönheit auch Klein-Kanada, während das Quarzriff, das sich über 140 Kilometer von Nordwesten nach Südosten zieht, Bayerischer Pfahl heißt, obwohl es bis ins österreichische Mühlviertel reicht. Nun gut.

Drache aus grauer Vorzeit

Einer der markantesten Abschnitte dieses Quarzzugs, der Große Pfahl, erhebt sich westlich von Viechtach, er ist bis zu 120 Meter breit, 30 Meter hoch und 250 Mio. Jahre alt. So zackig und unvermittelt bricht er hervor, dass Menschen vergangener Zeiten darin den Kamm eines versteinerten Drachens erblickten und ihm allerhand auf den Panzer dichteten. Inzwischen hat die Wissenschaft sein Geheimnis gelüftet: Durch Plattentektonik entstanden Spalten und Risse, in denen sich kieselsäurehaltige Urflüs-

sigkeit sammelte. Vermischt mit den zermahlenen Urgesteinen Gneis und Granit und steinhart verpresst, blieb der Quarz stehen, während die Landschaft ringsum erodierte.

Von der Oberpfalz bis Oberösterreich tritt der Pfahl in vielen Erscheinungsformen zutage – als natürliches Mauerwerk im Schloss Thierlstein (heute Brauerei) bei Cham, im Naturschutzgebiet Hof-Pfahl als birken- und kiefernbestandener Erdwall und an der Buchberger Leite bei Freyung als Pfahlschieferklamm. Bei Viechtach liegt ein besonders schönes Stück des Großen Pfahls frei. Zu beiden Seiten führt ein Wanderweg entlang.

Das Quarzriff wirkt wie eine Wärmeinsel, auf seiner Südwestseite wachsen Eichen-Birken-Wäldchen, um die steilere Nordostflanke Fichten und Tannen. Heute hat man die Ausbeutung verfeinert und gewinnt aus dem Quarz Silizium für die Halbleitertechnik. Unter Bayerns schönsten Geotopen steht der Große Pfahl ganz oben, Prädikat „besonders wertvoll".

Ein schillernder Wald

Haben es die Grafen von Bogen gewusst? Zumindest im Namen der rund 900 Jahre alten Anlage Weißenstein taucht der Quarz auf. Zeitweilig bedeutungsvoll als Spielball der Mächte,

Ein Künstler könnte es kaum schöner auf die Leinwand bringen: Sonnenuntergang am Hirschenstein bei Sankt Englmar

begann im 17. Jahrhundert ihr Abstieg: Zuerst fielen die Schweden ein und dann die Erbfolgekrieger unter Trenck, dem Panduren. Das klingt nach Märchen oder wenigstens nach Mongolei, tatsächlich handelte es sich aber um einen Freischärler österreichisch-preußisch-italienischer Herkunft. Etwa 100 Jahre später verliebten sich die Romantiker in die Ruine und sanierten das Verbliebene; vermutlich stammen die steilen Steintritte noch aus jener Zeit.

Unterhalb der Burg und über die Straße liegt der Gläserne Wald. Fichten, Buchen, Espen, Kiefern, Blau- und Weißtannen schimmern blau, grün, braun und weiß. Bei Nacht erhellen Strahler die Glasbäume des Künstlers Rudolf Schmid. Und doch – es fehlen das Rauschen, der Duft, das Leben. Forste wie jener unterhalb des nahen Geißkopfs, der fast 1100 Meter hoch aufragt, stellen alles Menschengemachte in den Schatten, und sei es noch so kunstfertig.

Rasende Bahnen und ruhige Kugeln

Sankt Englmar klingt ein bisschen entrückt, und irgendwie ist es das auch, allein wegen der Höhenlage von 825 Metern. Zum Vorderen Bayerischen Wald gehörig, überblickt es die Niederungen von Donau und Gäuboden. An klaren Tagen baut sich im Süden die Alpenkette

auf; einen guten Aussichtspunkt, wie etwa den Waldwipfelweg, vorausgesetzt. Bis auf 30 Meter über dem Erdboden ragen dessen Pfeiler zwischen den diversen Baumarten auf, zu manchen gibt es sogar das Pflanzdatum. Rundum verlaufen ein Naturerlebnispfad, ein Gehege für Alpakas und Kängurus und ein Pfad der optischen Täuschung. Die Vorliebe

für derlei Phänomene liegt in der Familie: Wolfgang Six, der Bruder des Waldwipfelwegbetreibers Martin Six, hat im ehemaligen Pfarrhaus von Sankt Englmar das Mitmachmuseum Xperium eingerichtet. Einen Ausflug dorthin möchte man für alle Mathe- und Physikklassen verbindlich im Lehrplan festschreiben.

Auch auf der anderen Talseite liegen das Kommerzielle und das Liebenswürdige nah beieinander: einerseits der auf einen halben Hang konzentrierte Actionpark mit Bayerns längster Achterbahn, mit Bob, Zipline und Tubingrutsche; an-

dererseits die schlichte Holzkugelbahn im „Kugelwoid", nur einen Murmelwurf von den Geschwindigkeitsattraktionen entfernt.

Von Kicks und Kulinarik

Sämtliche Gipfel um Sankt Englmar eignen sich auch für eine Besteigung mit kurzen Beinen: Pröller, Predigtstuhl,

Ein guter Aussichtspunkt wie der Waldwipfelweg – und der Blick geht bis zur Alpenkette.

Knogl, Hirschenstein und Hochberg. Die Infrastruktur erneuert sich fortwährend: Der 1800-Einwohner-Ort bietet 2600 Betten an – weil Wintersport an vier Skibergen und auf 50 Kilometern Wanderwegen möglich ist, sind sie auch von Dezember bis März oft belegt.

Zudem wird die kulinarische Bühne bespielt: Seit einiger Zeit darf sich Sankt Englmar, wie Regen, Straubing, Viechtach, Zwiesel und der Lallinger Winkel auch, Genussort nennen. Mit der lokalen Rindfleischinitiative „Weidekalbin", der Forellenzucht Grünmühl

Mit seinen vielfältigen
Freizeitangeboten
ist Sankt Englmar
gelungen, woran es
andernorts oft hapert:
Junge Familien
kommen hierher.
Und man muss auch
nicht gleich ein
kopfstehendes Haus
umdrehen (li.), ...

... viel Spaß haben große und kleine Aktive
beim Balancieren im Kletterwald (re. o.) und
an der Zipline im Bayerwald-Fox (o.) beim
Runtersausen.

Gleichfalls eher für Schwindelfreie: Bis zu 30 Metern über dem Waldboden bietet sich von den
barrierefreien Bohlen ein weiter Blick über die Baumkronen auf dem Waldwipfelpfad in Maibrunn.

Keine Angst, die Knödel bleiben im Restaurant Knödelwerferin in Deggendorf auf dem Teller – erst mal … Der Name erinnert an die Sage von einer resoluten Frau.

Große vergoldete, bewegte Figuren flankieren den Hochaltar in der Kirche St. Johannes der Täufer in Rinchnach, darunter die hl. Scholastika und Erzbischof Thiemo von Salzburg mit ihren Attributen.

Es lohnt, den Treppengiebel am spätgotischen Alten Rathaus in Deggendorf genauer anzuschauen: Hier finden sich bayerische Wappen und das Stadtwappen, Fratzen und Fabeltiere.

Die markanten Zwiebeltürme flankieren in schöner Symmetrie die Vorhalle der barocken Kirche im Kloster Metten.

Franz Josef Ignaz Holzinger schuf die Figuren in der Bibliothek, deren faltenreiche Gewänder mit der Rhythmik des Raums in Einklang stehen.

und der Obstbrennerei Greindl gibt es drei Mal Ortstypisches zu verkosten. Die Wirksamkeit von Genüssen schätzen auch in Rinchnach die Klousterer, wie sie unter Eingeweihten heißen: Sie bezahlten mit dem Verkauf eines Back- und eines Kochbuchs vor einiger Zeit die Sanierung ihrer Kirche. 1727 hatte der junge Johann M. Fischer für den Bau eine ovale Raumschale um ein unregelmäßiges Achteck gebildet – ein formales Wagnis!

Knödelwurf mit Wirkung

Auch Deggendorfs schönste Geschichte hat mit Essbarem zu tun. Während einer wochenlangen Belagerung 1266 traf den Späher der feindlichen Truppen ein Knödel, geworfen von einer Frau, die eigentlich ihren wachhabenden Mann auf der Mauer versorgen wollte. Tief beeindruckt von den scheinbaren Nahrungsreserven in der Stadt zogen die Belagerer von dannen. Aus der Industrie- und Wissenschaftsstadt ragt die Grabkirche mit ihrem Barockturm heraus: mit dunkler Geschichte. Die Deggendorfer, verschuldet bei ihren jüdischen Mitbürgern, verübten 1338 ein blutiges Pogrom und bezahlten den Kirchenbau mit dem geraubten Geld. Von hier ging eine antisemitische Hostienwallfahrt aus, bis der Bischof die „Deggendorfer Gnad" auflöste; im Jahr 1992 ...

Waldbahn

Eine Runde in Grün-Gelb

Wo die Isar in die Donau mündet und sich das Land wie absichtlich flach hinduckt, bevor die Höhenzüge Richtung Osten ansteigen, liegt Plattling – der westlichste Bahnhof der Waldbahn.

Auf der etwa einstündigen Fahrt bis Bayerisch Eisenstein legen ihre grün-gelben Züge 72 Kilometer zurück und halten an zehn Bahnhöfen (www.laenderbahn.com/Waldbahn, s. S. 116). Auf einem der schönsten Teilstücke, zwischen Teisnach und Viechtach, verläuft die Bahnstrecke direkt neben dem Schwarzen Regen. Am „Zachenberger Einschnitt" ragen hinter der Station Gotteszell die Hänge zu beiden Seiten steil auf.

Bei Regen-Schlossau (WBA 1) überquert die zweithöchste Eisenbahnbrücke Bayerns die Schlossauer Ohe. Gut 48 Meter hoch und 308 Meter lang, wurde die Brücke wie die gesamte Linie 1877 fertiggestellt – das schmiedeeiserne Bauwerk geriet so massiv,

Unterwegs über die Ohe-Brücke

dass Ende April 1945 ein Sprengversuch scheiterte.

Ab Zwiesel führen Abzweigungen südlich nach Grafenau (WBA 3) und nördlich nach Bodenmais (WBA 2), ab Gotteszell mit der neuen Linie WBA 4 über Teisnach nach Viechtach.

Hinter Bayerisch Eisenstein, dem östlichsten Halt der Waldbahn, übernimmt die Tschechische Bahn (www.boehmerwaldcourier.de). Im genau auf der Grenze befindlichen Bahnhofsgebäude ist ein Infozentrum des Naturparks Bayerischer Wald.

Die interessantesten Termine

Feiern ohne Ende

Das ganze Jahr über sorgen Volksfeste und Umzüge für volle Veranstaltungskalender. Anstoß und Auswahl sind breit gefächert: Mal liefern religiöse Bräuche den Hintergrund, mal gibt es historische oder auch wirtschaftliche Anlässe – oder es regiert einfach nur der Spaß!

1 Rauhnacht in Waldkirchen

Das Heilige und das Unheimliche liegen oft nah beieinander – und während die Familien sich unterm Weihnachtsbaum versammeln, treiben zwischen dem Thomastag am 21. Dezember und dem Dreikönigstag am 6. Januar finstere Wintermächte ihr Unwesen. In Waldkirchen nehmen sie am 5. Januar Gestalt an: als Hoabagoaß, bludiger Thamerl, Seelvogel und Wolferer. Begleitet werden die Rauhnächte von Perchtenläufen, Umzügen mit Schauermasken.

21. Dezember–6. Januar
www.rauhnacht.de

2 Pilgern in Niederbayern

Schuld an allem ist der Borkenkäfer. Er fraß sich vor über 500 Jahren durch die Fichten, sodass die Holzkirchener Waldbauern eine Wallfahrt gelobten, wenn nur der Spuk aufhöre. Das tat er, und seitdem schleppen meist zwei, manchmal auch nur ein Mann die „Kerze", einen 13 m langen Fichtenstamm, zur Wallfahrtskirche auf den Bogenberg hinauf.

Beginn: Freitag vor Pfingsten in Holzkirchen
Ziel: Pfingstsonntag auf dem Bogenberg
Wegstrecke: 75 km
www.kerzenwallfahrt.de

3 Reiten in Bad Kötzting

Auf dem Pferd sitzen beim Kötztinger Pfingstritt nur Männer, so will es der Brauch – Frauen bringen sich beim Schmücken der rund 800 Pferde ein. Seit 1412 besteht die Tradition: Damals bat ein Pfarrer um Geleitschutz ins sieben Kilometer entfernte Steinbühl, da dort ein Mann nach den Sterbesakramenten verlangte. In dem Dorf macht die große Reiterprozession bis heute nach der Messe kehrt.

Pfingstmontag
https://bad-koetzting.de

4 Knacker in Regensburg

Richtiger wäre zu sagen: in Stadtamhof. Denn Mai- und Herbstdult gründen auf dem seit 1389 belegten Jahrmarkt am anderen Donauufer. Während die Regensburger 1871 meinten, ihre Dulten hätten sich überlebt, machte man in Stadtamhof mit Fahrgeschäften und Warenverkauf munter weiter. Bis heute – und 750 000 Besucher feiern mit, essen stramme Knacker und erfreuen sich am Feuerwerk.

Mai/Herbst
www.r-dult.com

5 Flussfest in Passau

Wenn die Keramikkrüge zum Prosit aneinanderstoßen, schweigt der Verkehr – am Wochenende des Ilzer Haferlfests wird die B 388 östlich der Ilzbrücke gesperrt. Mal im Juli, mal im August reiht sich dann Bierbank an Bierbank zwischen Verkaufsständen und Bühnen. Tradition des Fests unter dem Patronat der „Ilzer Perle", einer jungen Frau aus der Ilzstadt, sind Sautrogrennen und Fischerstechen auf der Ilz.

Juli oder August
www.passau.de

3

5

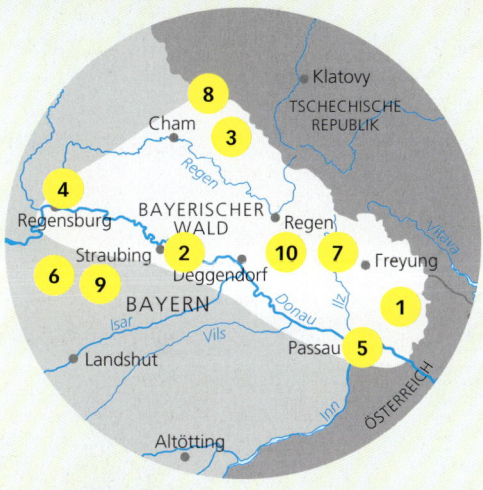

7

Klatovy
TSCHECHISCHE
REPUBLIK
Cham
8
3
Regen
4
BAYERISCHER
WALD
Regensburg
Regen
7
Freyung
Straubing
2
10
Deggendorf
6
9
Donau
Ilz
Isar
BAYERN
1
Vils
Landshut
Passau
5
Inn
ÖSTERREICH
Altötting

6 Pretty Woman in Niederbayern

Der Plot steht fest, die Geschichte rührt trotzdem: Die schöne Agnes Bernauer gewann das Herz des Herzogssohns Albrecht. Es war der Beginn einer tödlich endenden Intrige … Alle vier Jahre (2023, 2027) kommt das Stück auf die Freilichtbühne im Herzogsschloss in Straubing – mit über 100 Sprechrollen, in tollen Kostümen und mit schönstem Bayerisch. Das Stück von Teja Fiedler in der Inszenierung von Andreas Wiedermann sahen 2019 rund 20 000 Zuschauer.

Juni/Juli
Festspielverein Straubing
https://agnes-bernauer-
festspiele.de

7 Säumen in Grafenau

Zur 600-Jahr-Feier der Stadterhebung fand der erste Salzsäumerzug statt: In Erinnerung an die alten Salzhandelsrouten durch den Böhmerwald – über die Händler mit ihren Lasttieren zogen – startete 1976 ein Trupp in historischen Gewändern von Schärding in Österreich und traf drei Tage später in Grafenau zum Beginn des Volksfests ein. Seitdem ist das Historische Salzsäumerfest am ersten Augustsamstag ein Höhepunkt im Stadtkalender.

1. Samstag im August
www.grafenau.de

8 Geschichte leben in Furth im Wald

Das Festspiel Drachenstich ist in vollem Gange, da findet auch der historische Umzug durch Furth im Wald statt. Zum Festzug kommen jeweils rund 20 000 Besucher – das ist eine Menge für das Grenzstädtchen mit 9000 Einwohnern. Mehr als 1400 Menschen in Kostümen und über 250 Pferde (natürlich auch der Drache) versetzen dann den Grenzort in die Zeit der Hussitenkriege und veranschaulichen das Leben, Arbeiten und Kämpfen im späten Mittelalter. 14 Aufführungen begleiten das Spektakel, auch das Mittelalterlager Cave Gladium findet statt.

2. Samstag im August
www.drachenstich.de

9 Zünftig feiern in Straubing

Fast so alt wie das Oktoberfest und in Niederbayern ebenso berühmt: Das Gäubodenvolksfest am Hagen besteht seit 1812. Sieben Festzelte von sechs Brauereien und mehr als 60 Essensstände versorgen rund 1,4 Mio. Besucher. Mit 120 Attraktionen locken die Schaustellerbetriebe auf Bayerns zweitgrößtes Volksfest, einen eigenen Bereich belegen historische Fahrgeschäfte.

Mitte August
https://gäubodenvolks
fest.de

10 Gruseln in Rinchnach

Nichts für zarte Seelen: das Wolfauslassen in Rinchnach im November, das seine Wurzeln im Viehabtrieb der Hirten hat. Beim traditionellen Zug kommen die „Wolferer" zusammen und läuten die bis zu 40 Kilogramm schweren Glocken – einst, um Bären und Wölfe zu vertreiben. Heute sammeln die bis zu 15 Gruppen in den Häusern Geldspenden und tragen sie ins Wirtshaus.

9./10. November
www.rinchnach.de

Die milde Mitte

Geschützt vor rauen Winden und vom Klima begünstigt, empfiehlt sich die Region um die Achse Sankt Englmar und Zwiesel für Genießer. Sie finden viele Wanderwege auf mäßig hohe Gipfel vor, abwechslungsreiche Ortschaften, beste regionale Produkte und genau so viel Unterhaltung wie gewünscht.

1 Viechtach

Der Luftkurort mit gut 8000 Einwohnern tauchte das erste Mal 1104 in einer Urkunde auf und überstand fünf Kriege der frühen Neuzeit. Viechtachs eigentliche Attraktion ist der Große Pfahl.

SEHENSWERT
Mehrere Brände tobten im Ort, der letzte zerstörte 1729 die Pfarrkirche. Ab 1757 entstand **St. Augustinus** in Rokoko-Manier. Noch aus spätgotischer Zeit stammt die **Stadtapotheke**. Der **Große Pfahl** zeigt direkt neben dem Parkplatz an der B 85 seine Quarzzacken.

UNTERKUNFT
An der € **Schnitzmühle** scheiden sich die Geister – die einen halten das Adventure-Camp mit Spa direkt am Schwarzen Regen für eine coole Adresse, die anderen nervt das Unterhaltungsprogramm (Schnitzmühle 1, Tel. 09942 9 48 10, www.schnitzmuehle.com).

CAFÉ
Nur ein paar Schritte vom Stadtplatz entfernt und vor allem fürs Frühstück eine Empfehlung: Das € **Café Venus** ermittelt per Fragebogen die Vorlieben und liefert dann frisch an den Tisch, (Bäckergasse 3, Tel. 09942 80 16 38, www.venusmaschine.com, Fr.–So. und Fei. 9.00–17.00 Uhr).

UMGEBUNG
Die **Burg Altnussberg** mit ihrem wiederaufgebauten Bergfried ist die älteste Anlage ihrer Art im Bayerischen Wald. Die Strecke von Viechtach (knapp 10 km südöstl.) kann mit dem Abstecher ins Liebestal zu einer 40 km langen, teils anspruchsvollen **Mountainbiketour** kombiniert werden.
Der **Höllensteinsee** (7 km nördl.) staut den Schwarzen Regen auf gut fünf Kilometer Länge auf. An seinen Ufern gibt es einige Badestellen, ein Bootsverleih (S. Macht) vermietet von April bis Oktober Ruder- und Tretboote (Grub 5, 94267 Prackenbach, http://hoellensteinsee.com, tgl. 10.00–18.00 Uhr).

INFORMATION
Tourist-Information, Stadtplatz 1, 94234 Viechtach, Tel. 09942 16 61, www.viechtacher-land.de

Gehören zu den Highlights der Region: Naturschutzgebiet Großer Pfahl b. Viechtach (o., u.), ausgedehnte Kanutour auf dem Regen (re. o.),

2 Regen

Dreimal im Dreißigjährigen Krieg verwüstet und von diversen Plagen heimgesucht, steht kaum noch ein altes Haus am Marktplatz der Stadt mit der Patronae Bavariae (Maria). Die schönste Ansicht von Regen (11 000 Einw.) bietet sich über den Kurpark und den Regen auf die Pfarrkirche St. Michael.

MUSEUM
Im prächtigsten Gebäude der Stadt, einem Jugendstilhaus von 1913, residiert das **Niederbayerische Landwirtschaftsmuseum.** Zum Bestand zählen Zeugnisse bäuerlicher Kultur des 18. und 19. Jahrhunderts (Schulgasse 2, Tel. 09921 6 04 85, www.nlm-regen.de, tgl. 8.00/10.00–17.00 Uhr).

ERLEBEN
Die **Kanutour** TOPZIEL auf dem Schwarzen Regen gehört zu den schönsten Ausflügen für Wassersportler (www.kanutouren-regen.de).

UMGEBUNG
Die **Burgruine Weißenstein** (5 km südl.) ist aus drei Gründen von Interesse: einmal als Rest einer Anlage, die die Grafen von Bogen Anfang des 12. Jh. errichten ließen; als skurri-

ler Besitz des Schriftstellers Siegfried von Vegesack, der seinem (kosten-)„fressenden Haus" ein Buch widmete und hier 1974 starb; und außerdem wegen des Gläsernen Waldes aus der Hand des Glaskünstlers Rudolf Schmid. Vom Niederaltaicher Mönch Gunther gegründet, besteht **Rinchnach** TOPZIEL (14 km südöstl.) seit 1011. Die Benediktiner trieben die Besiedlung voran und entwickelten „Klouster", wie es bis heute heißt, wirtschaftlich und kulturell. Geblieben sind die Ortsstruktur und die Barockkirche Johannes der Täufer.

INFORMATION
Schulgasse 2, 94209 Regen, Tel. 09921 6 04 82, www.regen.de, www.arberland-bayerischer-wald.de

3 Bischofsmais

Drei Tausender und der Teufelstisch (900 m) rahmen das Dorf, dessen gut 3000 Einw. sich auf 36 Ortsteile verteilen. Die 1136 erstmals

Tipp

Ruhige Kugeln schieben

Mag auf der Wiese nebenan der *thrill* regieren, die Holzkugelbahn im 3000 m² großen „Kugelwoid" kühlt die Gemüter und zeigt im Kegelkugelformat, was vielleicht noch in einigen Kinderzimmern steht: eine Kugelbahn, die über viele Rinnen und manche Schikanen allein den Gesetzen der Schwerkraft folgt. Örtliche Schreiner haben sie erdacht und gebaut – und völlig zu Recht für diesen gelassenen Spielspaß den Tourismus Award Bayerischer Wald 2017 erhalten.

Rodel- & Freizeitparadies, Sankt Englmar, s. dort, Kugelpfand 10 Euro

erwähnte Siedlung am Böhmweg ist außer Sportlern, die sich am Geißkopf tummeln, vor allem Pilgern ein Begriff: Die Hirmonkirwa (10. Aug.) gilt als älteste Wallfahrt der Region.

ERLEBEN

Im **Bikepark Geißkopf** geht es zwischen Berg- und Talstation über Flow Country Trail, Slopestyle Line und Evil Eye 2.0 meist bergab. Der Uphill Flow macht eine Ausnahme: Er führt bergan und ist für die Fahrer von E-Mountainbikes konzipiert (MTB Zone Bikepark Geißkopf, Unterbreitenau 1, Tel. 09920 90 31 35, www.mtbzone-bikepark.com, Mai–Okt. 9.00–16.45 Uhr).
Am Hausberg von Bischofsmais ist je nach Saison außerdem noch Platz für das kleine Skigebiet und die 600 Meter lange **Sommerrodelbahn** (www.geisskopf.de).

UMGEBUNG

Bei Kirchberg im Wald liegt die **Todtenau** (24 km südl.), ein Hochmoor, das mit umliegenden Auen ein knapp 150 ha großes Naturschutzgebiet bildet. Bis über acht Meter reicht die Torfschicht, die sich hier seit der letzten Eiszeit aufbaute. Um das oft nebelverhangene Moor ranken sich die Legenden von einer versunkenen Stadt und von den Pesttoten, die ihm angeblich den Namen gaben.
Der **Lallinger Winkel** (15 km südl.; Tourist-Info in Lalling, http://lallingerwinkel.de) gilt als

„Obstschale" des Bayerischen Waldes. Im Frühling überzieht ein Blütenteppich den Talkessel, den zu drei Seiten Höhenzüge gegen die kalten Winde von Norden und Osten abschirmen. Der Streuobst-Erlebnisgarten von **Panholling** zeigt die Fülle des Tals in konzentrierter Form: Mehr als 80 Obstbäume und etliche wilde Ausgangsarten sowie über 30 Apfel- und Birnensorten geben einen Eindruck von der Vielfalt. Am besten per Bike lassen sich die denkmalgeschützten **Waidlerhäuser** in Datting, Ensbach, Gerholling, Ginn und Zueding abfahren und aus respektvoller Distanz bewundern.

INFORMATION

Touristikinformation Bischofsmais, Hauptstr. 34, 94253 Bischofsmais, Tel. 09920 94 04 44, www.bischofsmais.de

④ Deggendorf

Von den diversen „Toren" in den Bayerischen Wald hat Deggendorf den Titel wohl zuerst verdient: Hinter der Altstadt am Ostufer der Donau steigen bald die Berge an. Knapp 800 Jahre nach ihrer Gründung gilt die Kreisstadt mit 33 000 Einwohnern seit Jahren als Wirtschafts- und Wissenschaftszentrum, mehreren Bau- und Textilfirmen und der Technischen Hochschule sei Dank.

SEHENSWERT

Die idealtypische Stadt – wie Deggendorf stellten sie sich die Wittelsbacher vor und legten 1242 einen lang gestreckten Marktplatz an. In seiner Mitte steht das spätgotische **Alte Rathaus,** an dessen Turm von 1450 mehrere Bauepochen andockten. Im Altstadtviertel erinnert der **Knödelbrunnen** an das wundersame Ende der Belagerung von 1266. Die Pfarrkirche **Mariä Himmelfahrt** ist ein Barockschmuckstück von 1656/57 um den Baldachin-Hochaltar von Matthias Seybold (1749).

MUSEEN

Zum Deggendorfer **Kulturviertel** gehören das Stadtmuseum mit 10 000 Exponaten aus 4000 Jahren Geschichte, das Handwerksmuseum, der Kapuzinerstadl und die Stadtbibliothek.

Das **Handwerksmuseum** macht in acht Abteilungen die Veränderungen der Lebens- und Arbeitswelt anschaulich (Maria-Ward-Platz 1, Tel. 0991 2 96 05 55, www.kulturviertel. deggendorf.de, Di.–Sa. 10.00–16.00, So. bis 17.00 Uhr).

RESTAURANT

Das Gasthaus **€/€€ Zur Knödelwerferin** im Zentrum widmet sich kulinarisch ganz der bayerischen Tradition (Schlachthausgasse 1, https://knoedelwerferin-deggendorf.de).

UMGEBUNG

Die **Abtei Metten** (6 km westl.) steht leicht erhöht über der Donau – Mönche der Insel Reichenau gründeten das Benediktinerkloster um 766. Abt Roman Märkl ließ Kirche, Festsaal und die farbenfrohe Bibliothek Anfang des 18. Jh. barock umgestalten (Abteistr. 3, Metten, Tel. 0991 9 10 80, www.kloster-metten. de, Bibliothek nur mit Führung, Di.–So. 10.00, 15.00 Uhr, außer kirchl. Feiertage).

INFORMATION

Tourist-Information, Pfleggasse 9, 94469 Deggendorf, Tel. 0991 2 96 05 35, www.deggendorf.de

⑤ Sankt Englmar

Luftkurort, Wintersportziel und erste Wellnessanlage des Bayerischen Walds: In der 1800-Einwohner-Gemeinde standen die Zeichen schon früh auf Fremdenverkehr. Zahlreiche Wanderwege führen vom 825 m hoch gelegenen Ort auf die Hausberge Pröller, Predigtstuhl, Knogl, Hirschenstein und Hochberg.

ERLEBEN

Was war zuerst da – das Publikum oder all die Attraktionen im **Freizeitpark?** Vielleicht ist Sankt Englmar einfach nur immer nah dran geblieben an den großen und kleinen Kunden (Rodel- & Freizeitparadies, Grün 10, Tel. 09965 12 03, www.sommerrodeln.de, s. Service). Den „Wipfel der Gefühle" verheißt der **Waldwipfelweg** im Ortsteil Maibrunn (Maibrunn 9a, www.waldwipfelweg.de, April–Sept. 9.00 bis 19.00, Feb., März, Okt. bis 17.00, Nov.–Jan. bis 16.00 Uhr).

Deftiges wie Schweinsbraten mit Knödel (o.) kommt bei der Knödelwerferin auf den Tisch. Deggendorf, rechts der Obere Stadtplatz, gehört zu den 100 Genussorten in Bayern.

Genießen   Erleben   Erfahren

Zum Essen wandern

Das hätte sich die Preller-Cilli wohl nie träumen lassen – dass aus ihrem einsamen Berghof ohne Strom und fließendes Wasser ein frequentiertes Wanderziel werden würde. Nach ihrem Tod stand das Haus über Jahrzehnte leer, bis es Martina Fischer und Josef Ebenhofer 2009 sanierten. Die alte Fassade nahmen sie ab und blendeten sie dem neu gebauten Prellerhaus vor – den Gästen gefällt's, und sie goutieren die Ideen der Wirtin, etwa beim Strudlwochenende.

Prellerhaus, Prellerhaus 1, Sankt Englmar, nur Fr.–Sa. und zu Fuß oder per Rad erreichbar

Ein Wanderziel, das nur mit natürlicher Schönheit punktet: die **Nagelsteiner Wasserfälle.** In vielen kleinen Kaskaden springt der Obermühlbach durch die Waldschlucht; am Parkplatz (Hof 4) beginnt ein 9 km langer Rundweg.

VERANSTALTUNG
Der Ursprung der Legende ist finster, der Brauch heiter: Beim **Englmarisuchen** (Pfingstmontag) pilgert der ganze Ort zu der Stelle am Kapellenberg, wo einst ein Priester den 1131 erschlagenen Eremiten Englmar fand, und geleitet die unter Reisig aufgefundene Holzfigur zur Pfarrkirche.

EINKAUFEN
Ein Tipp vor der Heimfahrt: bei der **Forellenzucht Grünmühl** vorbeischauen und Saibling, Forelle oder Lachsforelle mitnehmen (Grünmühl, Tel. 09965 8 00 20, https://forelle-ausniederbayern.de, Di.–Sa. 9.00–11.30 Uhr). Haltbare Mitbringsel verkauft die **Edelobstbrennerei Greindl.** Hervorgegangen aus einer Bäckerei, reicht die Tradition der Hausbrennerei bis 1903 zurück (Kirchplatz 5, www.edelobstbrennerei-greindl.de).

INFORMATION
Urlaubsregion Sankt Englmar, Rathausstr. 6, 94379 Sankt Englmar, Tel. 09965 84 03 20, www.urlaubsregion-sankt-englmar.de

Die Sonne begrüßen

Im Sommer verschläft man meist das Ereignis, das sich um den Aussichtsturm am Hirschenstein auf der ganz großen Bühne abspielt: den Sonnenaufgang. Hin und wieder werden geführte Wanderungen angeboten, Beherzte schaffen die Tour aber auch im Alleingang.

Überraschend kommt es nicht direkt, und doch wundert sich der Nachtwanderer, wieso derart viele Granitbrocken im Weg liegen – fast als wollten sie bewusst die Aufmerksamkeit kitzeln. Die sollte schon hellwach sein, auch wenn die Uhr gerade erst halb fünf zeigt. Der Aufstieg zum 1092 Meter hohen Hirschenstein unterscheidet sich bei Tageslicht besehen nicht von der Wanderung auf einem der vielen Wanderwege des Vorderen Bayerischen Waldes, doch im Schein der Stirnlampe wird er zum kleinen Abenteuer.

Nach der Wegkreuzung Schuhfleck steigt der Weg durch den Mischwald etwas steiler an, während die Dämmerung den Himmel mit jedem Schritt heller färbt. Am Gipfel hebt der steinerne Turm die Aussicht auf Rachel, Lusen, Dreisessel und Geißkopf und über den ganzen Gäuboden – nur den Großen Arber verdeckt eine Eiche. Während die Täler noch in tiefem Dunkelblau liegen, wechselt der Himmel von zartestem Rosa bis zu grellem Orange, bis um Punkt 5.30 Uhr hinter den höchsten Bergen des Bayerischen Waldes die Sonne aufgeht.

Weitere Informationen

Wanderung
Die 6 km lange Wanderung beginnt am Parkplatz Grandsberg und führt in einer Schleife auf den Hirschenstein und zurück über den Mühlgraben und den Grimmeisenweiher.

Adresse
Touristinfo Bernried, Engerlgasse 25a, 94505 Bernried, Tel. 09905 2 17, www.hirschenstein-bayerischer-wald.de

Das Licht der aufgehenden Sonne taucht den Hirschenstein und seinen Aussichtsturm in ein warmes goldenes Licht.

Region im Aufbruch

Früher galt das Gebiet als Synonym für Kargheit und verarmte Randlage, inzwischen scheint der südliche Bayerische Wald gut angekommen in der Mitte Europas. Von den Höhen Finsteraus und des Dreisessels bis zu den Donauniederungen zieht sich ein oft idyllischer Landstrich mit viel Lebensqualität. Die Geschichte ist dennoch allgegenwärtig.

Bis in den März sind oft noch lange Schneeschuhwanderungen in den Höhenlagen des Bayerischen Waldes möglich.

Der Esel im historischen Gehöft des Museumsdorfs Bayerischer Wald in Tittling hat sicher ein angenehmeres Leben als seine Vorfahren.

Auch Kapellen gehören zu den Bauten im Museumsdorf in Tittling. Diese ist dem heiligen Florian geweiht, dem Schutzheiligen gegen Feuergefahr.

D er Eindruck einstiger Not stellt sich weit im Osten auf knapp 1000 Metern Höhe ein. Hier liegt das Freilichtmuseum Finsterau hinter den Bergen Rachel und Lusen so abgeschieden wie die Höfe, die es bewahrt: den Petzi-Hof aus Pötzerreut etwa, das Schanzerhäusl aus Riedelsbach und das kümmerliche Sachl aus Rumpenstadl. Manche der über 20 Bauernhäuser künden von ein wenig Wohlstand, bei anderen pfeift die Armut durch jedes Astloch. Statt ihren Urzustand zu rekonstruieren, konzentrieren sich Abtragung und Wiederaufbau seit der Gründung des Freilichtmuseums 1980 darauf, die historische Wirklichkeit nach vielen Umbauten zu spiegeln.

Bewahrte Kleidung, Betten und selbst die Ställe wirken oft winzig. Als Museumsleiter Martin Ortmeier das Sachl der Bäuerin Karolina Graf vor ein paar Jahren der Öffentlichkeit präsentierte und fürs authentischere Eröffnungsbild eine Kuh auslieh, passte das moderne Hochleistungsvieh nicht durch die schmale Stallöffnung. Sogar die Rinder fielen früher bescheidener aus.

Auch andere Anlagen hüten noch die originale Einrichtung. Im Museumsdorf Bayerischer Wald in Tittling hat ebenfalls Sammellust zusammengetragen, was dem Verfall geweiht war.

Bäder dank Zigarren

In dieser Gegend, die so spät und spärlich besiedelt war, ließ sich der Fortschritt Zeit. Einen Hauch von Moderne brachte die Cigarrenmanufaktur Wolf & Ruhland 1917 nach Perlesreut. Die Stumpen und „Virginier" wickelten, rollten und verpackten in Spitzenzeiten bis zu 170 Angestellte, vorwiegend Frauen. „Vater Wolf" nannten sie den Gründer Hermann Wolf, der einen Kindergarten, beheizte Bäder und eine Suppenküche einrichtete. Bis heute fertigen Wolf & Ruhland 14 Sorten – von den dünnen Zigarillos bis zum dicken „Torpedo" – und verkaufen sie direkt ab der Werkstatt, in der es würzig nach Honig und Geräuchertem duftet.

Freie Aussichten

Rund um Dreisessel und Plöckenstein, den es in einer bayerischen und in einer tschechischen Gipfelvariante gibt, wirkte die Grenze bis zum Fall des Eisernen Vorhangs tief in den Alltag. Der obligatorische Schulausflug für die Kinder von Neureichenau führte früher im Fichtenwald an bewaffneten Grenzposten vorbei, Lehrer und Eltern warnten vor dem Klassenfeind. Die Leiterin des kleinen Stifter-Museums im Rosenberger Gut, Monika Süß, wuchs in Sichtweite zur ČSSR auf, ihr Vater hatte nur

Die Natur erlaubt nun in den Höhenlagen einen grenzenlosen Blick.

abwertende Worte für die Nachbarn im Osten übrig. Heute lernt Monika Süß die Sprache – kann es ein schöneres Zeichen der neuen Wertschätzung geben?

Auch in den Höhenlagen sieht es heute vollkommen anders aus als noch vor 40 Jahren. Offene Flächen ersetzen den dichten Hochwald. Fast ist es, als würde die Natur die politische Befreiung begleiten und jetzt den grenzenlosen Blick erlauben. Wer nur Bilder der toten Bäume kennt, wird beim unmittelbaren Anblick von der Ästhetik der in allen Höhen

Bis ins Detail sind Wohnstuben im Museumsdorf Bayerischer Wald in Tittling ausgestattet und so erwacht hier das Leben aus alter Zeit.

Kraft der Kräuter: Das Angebot der Kräuterpädagogin Monika Kreutzer in Finsterau reicht von Lebensmitteln bis zu Kosmetika.

Das „weiße Gold" wurde einst von Händlern in den Bayerischen Wald und nach Böhmen gebracht. Jedes Pferd trug dabei eine eine Last (Saum) von rund 150 Kilogramm Salz. Heute erinnert jährlich der Salzsäumerzug bei Grafenau an den Handelsweg.

Die Architektur der „Steinwelten"
in Hauzenberg folgt dem Weg des
Gesteins vom Steinbruch über
Rohblock- und Plattenlager bis zum
polierten Endzustand.

Rechts: Der Kontrast erstaunt – so
einfach die Steinmetzwerkzeuge,
so kunstvoll die Ergebnisse wie
im Kreuzgang des tschechischen
Klosters Vyšší Brod im Hintergrund.

Unten: Die „Steinwelten" sind Teil
des Granitzentrums. Der Schriftzug
des modernen Gebäudes zeigt
gleich, worum es hier geht.

Links: Ein Beispiel für die Vielfalt
des Materials gibt das Mauerwerk
aus Tittlinger Granit am Eingang.

Rechts: Das Zentrum hat seinen
Platz in einem ehemaligen
Steinbruch. Druckluftbetriebene
Bohrhämmer gehören zu den
wichtigsten Werkzeugen der
Steinhauer.

Im Rosenberger Gut
in Neureichenau
kam Adalbert Stifter
kostenlos unter.
Heute erinnert hier
eine Gedenkstätte an
den Schriftsteller.

Nationalpark in Tschechien

Special

Die wilde Vydra

Idylle im Böhmerwald: die Vydra mit ihren moosbewachsenen Ufern

Šumava heißt „die Rauschende",
und was den Wind in den Bäumen
des Böhmerwalds beschreibt, trifft
auch auf einen seiner schönsten
Flüsse zu, die nur 23 Kilometer
lange Vydra.
Unterhalb von Antýgl stürzt sie als
reißender Wildbach durch einen Can-
yon. Dicke Felsbrocken im Flussbett
und die Steinmeere an den Ufern
haben dem unzugänglichen Tal den
Beinamen „die Schachtelei" eingetra-
gen. Der unberührte Teil der Vydra
endet am Zusammenfluss mit der
Křemelná in die Otava. Am rechten
Ufer der Vydra führt ein Naturlehr-
pfad, der frühere Maderweg, unmittelbar am Wasser entlang bis Čeň-
kova Pila. Der Nationalpark Šumava,
1991 gegründet, ist fast dreimal so
groß wie der Bayerische Wald. Weite
Hochebenen mit Mooren, Schachten
und tief eingeschnittene Täler charak-
terisieren hier die Landschaft.

abgebrochenen Stämme überrascht sein,
besonders an sonnigen Wintertagen,
wenn sich der Himmel blau über dem
Schnee wölbt.

Gut geschmuggelt

Angeblich haben auf dem Dreisesselfels
einst die Könige von Böhmen, Bayern
und Österreich über den Grenzverlauf
verhandelt und die Untertanen arran-
gierten sich dann – manche von ihnen schlugen ein Geschäft daraus. Der
Erbauer des Rosenberger Guts etwa,
Matthias Rosenberger, genannt der Jockel Hiasl, bezahlte sein Gehöft in dem
Weiler Lackenhäuser 1818 aus Schmug-
geltantiemen. Entscheidend war: Die
Kirche billigte den Handel; in den Zehn
Geboten findet sich kein Schmuggel-
paragraf. Der Jockel Hiasl beschäftigte
bis zu 100 Leute, die Branntwein, Tu-
che und Backwaren mit Mohn über die
Grenze brachten. In seinem Haupthaus
richtete er einen Gastbetrieb ein – der
Anfang des Tourismus im südlichen
Bayerischen Wald.

Dichter von trauriger Gestalt

Einer durfte später umsonst eine ganze
Etage bewohnen: der Schriftsteller Adalbert Stifter. Wer liest heute noch Stifter?
Kämpft sich durch seitenlange Beschrei-
bungen und nimmt im Entwicklungs-

roman die wimpernschlagzarten Nuancen wahr, mit denen sich eine Beziehung anbahnt? 1805 in Oberplan geboren, kehrte er gern aus Linz für Monate in die Heimat zurück. Zwar bezog er als kaiserlich-königlicher Schulinspektor ein festes Einkommen, aber seine Lebensführung war aufwendig: 600 Liter Wein trank er im Jahr, er spielte Lotto, investierte in Aktien (beides erfolglos), und zu Hause sparte die Gattin Amalia nicht an Amüsements. Seine am engsten mit der Landschaft verwobenen Bücher sind „Der Hochwald" und „Aus dem baierischen Walde". Dort beschreibt Stifter einen tagelang anhaltenden Schneesturm atmosphärisch derart dicht, dass man beim Lesen friert.

Die Schneelast früherer Zeiten kennen viele Waldler fast nur noch aus Erzählungen. Doch Anfang 2019 gaben Schneemassen nochmals eine Ahnung davon. Die mittelalterlichen Säumer mussten ehedem durch und schafften an guten Tagen bis zu 30 Kilometer. Ab Passau führte sie der Goldene Steig in drei Abzweigungen durch den Wald, der früher eher einem Urwald glich: nach Prachatitz, Winterberg und Bergreichenstein.

Fluch mit Feuer

St. Peter und Paul in Waldkirchen ist eine der Kirchen, die von außen mehr Eindruck machen als von innen. Die Ausstattung der alten Kirche verschwand beim Neubau (1856 bis 1861) und wäre spätestens im Feuer von 1862 vergangen. Brände begleiten den Ort durch die Zeit – schuld ist angeblich der Fluch, Waldkirchen solle jedes Jahrhundert einmal brennen. Sechsmal ging die Prophezeiung schon auf, zuletzt schlugen 1945 die Flammen hoch.

Die Stadtstruktur blieb jedoch erhalten, das Häusergetümmel im Büchl, der Marktplatz, um den sich Wirtshaus an Wirtshaus reihte, und alles umschließend die Ringmauer. Ehedem einen Kilometer lang, acht Meter hoch, mit zwei Toren und zehn Türmen, bildete sie das größte Bauwerk des Bayerwalds.

Nur wenige Kilometer trennen die Klosterkirche in Niederalteich (o.) von der Basilika in Osterhofen-Altenmarkt. Die Brüder Cosmas Damian und Egid Quirin Asam kümmerten sich um die barocke Innenausstattung der Basilika St. Margaretha (Mitte: Decke; unten: Chorgestühl). Es ist das letzte gemeinsame Werk der Künstler-Brüder und und ist von dem Wechselspiel aus Bewegung und Ruhe gekennzeichnet.

St. Margaretha in Osterhofen-
Altenmarkt bereitet dem
barocken Überschwang die
Bühne. Szenenreich ist die
Darstellung von der Hinrichtung
der Namenspatronin am
Hochaltar.

EMERENZ MEIER

„Nur keinen Herrn!"

*Die Umstände drückten schwer, doch ihr Wille war stark:
Emerenz Meier, Wirtstochter aus Schiefweg bei Waldkirchen, fürchtete
weder Autorität noch Konvention und schrieb Geschichten und
Gedichte mit Tiefgang. 1906 wanderte sie aus – „ins Amerika".*

Wie Emerenz Meier sich als Schriftstellerin behauptete,
vermittelt das Emerenz-Meier-Haus in Waldkirchen.

Die Bilder im Museum zeigen eine kräftige junge Frau, den kleinen Mund umspielt ein Lächeln, sie wirkt selbstbewusst und ein wenig stur, und auch wenn sie die zeittypischen Kleider trägt und beim Familienbild brav dabeisteht – in ihrem Inneren sah es ganz anders aus. „Ich bin fürchterlich radikal gesinnt, war es eigentlich immer, insgeheim!", schrieb sie. Und fällt schon allein dadurch aus der Rolle, denn welches andere „Bauerndirndl" schrieb?

In ihrer Kindheit schon interessiert sich die 1874 in Schiefweg geborene Emerenz für Literatur, liest mit zehn Jahren Goethe und Schiller und gilt als sehr begabt. Früh druckt die Passauer „Donau-Zeitung" eine erste Erzählung, und als der Vater sieht, dass sie mit der „narrischen Versl-macherei" Geld verdient, erhält sie nach dem Umzug der Familie nach Oberndorf mit 17 Jahren ein eigenes Zimmer – was für ein Luxus! Kurzzeitig ist die „Wirts-Senz" so bekannt, dass ihr Konterfei die Postkarten aus Waldkirchen schmückt, doch als 1896 ihr einziges Buch „Aus dem bayrischen Wald" erscheint, hat sie mit Anfang 20 den Höhepunkt ihrer Bekanntheit bereits erreicht.

Eine Frau lehnt sich auf

Das Buch mit vier Erzählungen verkauft sich schlecht, aber es macht andere Künstler auf die junge Dichterin aufmerksam. Der Schriftsteller Hans Carossa zum Beispiel, mit dem sie jahrelang Briefe wechselte, sagte 1941 rückblickend: „Man konnte nicht fraulich sanfter und verträumter aussehen als die Senz; dennoch wurde sie von allem unbändig Aufrührerischen hingerissen."

Denn Emerenz haderte ausnahmslos – mit den Lehrern, mit der Kirche, mit der Konvention, mit den Männern. „Die Welt schuf Gott für den Mann alleine", befand sie und macht auch vor den großen Geistern keineswegs halt: „Hätte Goethe Suppen schmalzen, / Klöße salzen / Schiller Pfannen waschen müssen, / Heine nähen, was er verrissen, / Stuben scheuern, Wanzen morden, / Ach die Herren, / Alle wären / Keine großen Dichter worden."

Ihr Gefühl gilt den Bauern und Armen, am leichtesten fließen die Gedichte in Mundart, der Sprache der einfachen Leute. Später in Amerika erkennt sie, dass sich ihre politischen Ansichten mit dem Kommunismus decken.

Im Emerenz-Meier-Haus in Waldkirchen (o. re.) ist heute ein Wirtshaus (u.), das den Namen „zur Emerenz" trägt. Das Museum mit interaktiven Stationen zur Dichterin und zum Thema Auswanderung befindet sich im ersten Stock.

Oben links: Emerenz-Meier-Büste am Donauufer in Passau

Ausgewandert und gescheitert

Dass sie heute wieder gelesen wird, hat mit ihrer aufrechten Haltung zu tun, die sie vor allem auch in vielen (erhaltenen) Briefen an ihre Freundin Auguste Unertl ausdrückt, mit ihrer Authentizität – und mit ihrem anrührenden Schicksal. 1906, Geld und Hof waren verloren, wandert Emerenz „ins Amerika" aus. In Chicago schlägt sie sich mit Gelegenheitsjobs durch, heiratet zweimal. Sie bekommt einen Sohn und findet nicht mehr ins Schreiben zurück. Emerenz vermisst die Heimat schmerzlich. Sie stirbt krank und früh mit 53 Jahren.

Fakten & Informationen

....

Emerenz Meier: Schiefweg 1874–1928 Chicago

Wirtshaus zur Emerenz, Schiefweg/Dorfplatz 9, 94065 Waldkirchen, www.wirtshaus-zur-emerenz.de, Mi.–So. und Fei. 11.00 Uhr bis Mitternacht

Born in Schiefweg, Auswanderermuseum im Emerenz-Meier-Haus, www.born-in-schiefweg.de, Öffnungszeiten wie oben

Bären, Burgen, Bauernstuben

Im Süden kennt die Vielfalt keine Grenzen – sie reicht von der Barockabtei mit Messen im byzantinischen Ritus bis zur romantischen Wildbachklamm und vom preisgekrönten Landgasthof aus Naturstein bis zur Cigarrenmanufaktur. Eine Route von knapp 150 Kilometern berührt zahlreiche Schönheiten der Region.

❶ Freyung

Weil er Siedler anlocken wollte, erließ Bischof Konrad von Passau hier die Steuern für einige Jahre – aus diesem Prinzip der „Freiung" entwickelte sich der Ortsname. Die Station auf dem Goldenen Steig erhielt vor 1525 das Marktrecht. Seit 1953 ist Freyung Stadt (ca. 7000 Einw.), die als Ausgangsort für Wanderungen, aber auch für Wintersport (Langlauf, Schneeschuhwandern u. a.) geschätzt wird.

SEHENSWERT

Dass es einst Burg war, kann **Schloss Wolfstein** schwerlich verbergen – so wehrhaft die Mauern, so dick der Turm aus der Zeit um 1200. Unter Passaus Bischof Wolfger von Erla errichtet, diente die Anlage als Verwaltungsstelle und Jagdsitz. Vor über 400 Jahren um zwei Flügel mit Arkaden ergänzt, beherbergt das Schloss jetzt die **Galerie** Wolfstein, die sich zeitgenössischer Kunst unter anderem

aus Ostbayern widmet, und das **Museum Jagd Land Fluss** (Wolferstr. 3, www.jagd-land-fluss.de, Di.–So. 10.00–16.00 Uhr).

ÜBERNACHTEN

Die € **Naturpension Danibauer** bietet sieben einfach-schöne Zimmer im historischen Vierseithof, mit Tafernwirtschaft (Falkenbach 2, Tel. 08551 42 83, www.danibauer.de).

UMGEBUNG

Die Anreise nach **Finsterau** (20 km nördl.) mit seinem Freilichtmuseum lohnt: Gut 20 Höfe und Häuser verteilen sich auf einem großen Gelände am Hang, auch die Kräuterey hat hier ihren Platz (Museumsstr. 51, Tel. 08557 9 60 60, www.freilichtmuseum.de, Mai–Sept. 9.00 bis 18.00, Okt. bis 17.00, 25. Dez.–April 11.00 bis 16.00 Uhr; www.kraeuterey-im-museum.de). In der verwunschenen Klamm der **Buchberger Leite** (6 km westl.) springt die Ohe über dicke Felsen. Vom Parkplatz an der Zuppinger Straße führen drei Wege und eine 8 km lange Erlebniswanderung durch eines der schönsten Geotope Bayerns.
In derart authentischem Ambiente macht der Kauf von Tabak Freude: Ab Werk veräußert die Cigarrenmanufaktur Wolf & Ruhland in **Perlesreut** (ca. 14 km westl.) ihr Sortiment an handgefertigten Virginias, Zigarren und Cigarillos (Marktplatz 15, www.wolf-und-ruhland.de).

Tipp

Kelten in Ringelai

Wie lebten die Kelten? Hielten sie Tiere? Waren sie ihrer Zeit voraus? Erstaunliche Antworten auf vorzeitliche Fragen gibt das Keltendorf Gabreta in Ringelai (ca. 8 km westl. von Freyung) und bietet Familien an, den keltischen Alltag kennenzulernen.

Lichtenau 1 a, 94160 Ringelai, Tel. 08555 40 73 10, www.keltendorf. com, April–Nov. Do.–So. 10.00 bis 17.00 Uhr, in den Ferien Di.–So.

INFORMATION

Tourist-Information, Rathausplatz 2, 94078 Freyung, Tel. 08551 58 81 50, www.freyung.de

❷ Waldkirchen

Mitten über den verkehrsberuhigten Marktplatz plätschert Wasser in einer Rinne, die ringsum sanierten Häuser blühen in allen Pastellfarben: Waldkirchen (ca. 10 000 Einw.) wirkt fröhlich und fast urban.

SEHENSWERT

Seit 1460 schützt eine gut 1 km lange **Ringmauer** mit Toren und Wehrtürmen den Handelsposten am Goldenen Steig. Hier, auf halber Strecke zwischen Passau und Prachatitz (tschech. Prachatice), wurde das Salz zwischengelagert. An einigen Hausecken

Zwischen Natur, Handwerk und Handel: Saußbachklamm bei Waldkirchen (o.), Cigarrenmanufaktur in Perlesreut (u.), Museum Goldener Steig in Waldkirchen (re.)

finden sich Steinfiguren, die die Räder der Fuhrwerke fernhielten, darunter der „Ewige Hochzeiter", sie ist die älteste. **St. Peter und Paul** wurde wiederaufgebaut und zählt zu den größten Sakralbauten der Diözese Passau.

MUSEUM

In einem der Wehrtürme und dem um 1785 angebauten Haus beleuchtet das **Museum Goldener Steig** die Geschichte des Handelswegs, über den bis zu 1200 Pferde pro Woche zogen (Büchl 22, Tel. 08581 92 05 51, Mai–Okt. Sa., So. 14.00–17.00 Uhr).

ERLEBEN

Ein bisschen übertreibt der Begriff **Klamm**, denn so eng ist die Schlucht nicht, durch die der **Saußbach** südlich von Waldkirchen fließt. Ein schattiger Wanderweg über 3 km Länge führt am Wildbach entlang, mit Bänken und seichten Uferstellen. Start- und Endpunkt ist die Saußmühle.

EINKAUFEN

Für das **Kaufhaus Garhammer** sollte Zeit bleiben – und das nicht nur, weil man beim Einkauf Cappuccino angeboten bekommt. Das Modehaus steht seit 1896 am Marktplatz, das Restaurant Johanns verschafft vom Dach einen tollen Blick (s. Unsere Favoriten, Restaurants).

UMGEBUNG

Zwei Mini-Museen lohnen den Abstecher: das **Kaffeekannenmuseum** mit 4000 Exponaten (ca. 8 km östl., Rosenberg 25, 94118 Jandelsbrunn, Tel 08583 5 01, n. V.) und das moderne **Adalbert-Stifter-Museum**. Es zeigt Leben, Werk und Umfeld des Dichters und Landschaftsmalers in seiner ehemaligen Ferienunterkunft (ca. 19 km östl., Lackenhäuser 146, 94089 Neureichenau, www.neureichenau.de, Tel. 08583 9 79 00 33, Mi. 10.00–13.00, Sa. 13.00–17.00, So. 11.00–18.00 Uhr).

INFORMATION

Touristinfo, Marktplatz 17, 94065 Waldkirchen, Tel. 08581 1 94 33, www.urlaub-in-waldkirchen.de

❸ Hauzenberg

Der Ort mit gut 11 000 Einwohnern (und Bürgermeisterin) ist eng mit zwei Materialien verbunden: Granit und Grafit. Die Steine aus den Steinbrüchen der Umgebung pflastern die edelsten Einkaufsmeilen, etwa die Düsseldorfer Kö.

SEHENSWERT

Das **Besucherbergwerk Kropfmühl** macht die Abläufe im Grafitabbau anschaulich (Langheinrichstr. 1, www.graphit-bbw.de, April bis Nov. Mi.–So. 10.30–16.30 Uhr).

MUSEUM

Eines der zugkräftigsten Museen im Bayerischen Wald sind die **Steinwelten** TOPZIEL. Sie blicken einerseits in einem „Granitkino"

Marktplatz in Waldkirchen (o.). Bauernmöbelmuseum in Grafenau (re. o.). Edel gekleidet: die Frauen beim Salzsäumerfest in Grafenau (u.).

weit zurück in die Vergangenheit des Mittelgebirges und thematisieren andererseits aktuelle wirtschaftliche Aspekte (Passauer Str. 11, Tel. 08586 22 66, www.granitzentrum.de, tgl., Jan.–April 10.00–16.00, Mai–Okt. 10.00 bis 18.00 Uhr).

INFORMATION

Fremdenverkehrsamt Hauzenberg, Marktplatz 10, 94051 Hauzenberg, Tel. 08586 3 00, www.hauzenberg.de

❹ Niederalteich

Man wird dem 1700-Einwohner-Ort nicht zu nahe treten, wenn man behauptet, dass er ohne das Kloster mit fast identischem Namen nicht so bekannt wäre. Der Ort ist ein guter Einstieg in den Donau-Ilz-Radweg (55 km).

SEHENSWERT

Die Bedeutung der **Abtei** mit der **Basilika St. Mauritius** kann gar nicht hoch genug geschätzt werden: Nach der Gründung (8. Jh.) ging von hier die Erschließung der östlichen Regionen aus. 1918 zogen gut 100 Jahre nach der Säkularisation erneut Mönche ein, die auch den byzantinischen Ritus pflegen.

UMGEBUNG

Das **Naturschutzgebiet** an der Donau, ca. 5 km nördlich von Niederalteich, zählt zusammen mit dem Donaualtwasser Staatshaufen zu einem der bedeutendsten Auengebiete Niederbayerns. Mehrere Entenarten, Blaukehlchen, Reiher, Libellen, Muscheln und Fische leben in dem knapp 60 ha großen Areal. Südlich von Niederalteich liegt **Osterhofen-Altenmarkt** mit der barocken Asambasilika. Ab 1726 wurde sie von Johann Michael Fischer errichtet, von den Brüdern Asam ausgestaltet (ca. 9 km, Hauptstr. 59, www.asambasilika.de). In **Vilshofen** (ca. 16 000 Einw.; 24 km südöstl., www.vilshofen.de) kommen drei Flüsse zusammen: Vils und Wolfach münden in die Donau. Die größte Stadt im Landkreis Passau, 776 urkundlich belegt, hat seit 1572 eine Donaubrücke. Den lang gestreckten Stadtplatz begrenzt auf der einen Seite die Stadtpfarrkirche St. Johannes der Täufer, auf der anderen Seite der frühbarocke Stadtturm. Aus vielen Gründen lohnt sich der Besuch der Abtei Schweiklberg: wegen der Abteikirche mit der Klaisorgel,

wegen der Klosterbibliothek und des Afrika-Museums (www.schweiklberg.de). 470 Jahre diente es als Mauthaus, nun kann man im Wittelsbacher Zollhaus (€€) übernachten (www.wittelsbacher-zollhaus.de). Ein gutes Dutzend Biere und alkoholfreie Sorten werden im Bräustüberl (€) und dem Biergarten von **Kloster Aldersbach** ausgeschenkt (ca. 25 km südl., www.aldersbacher.de).

INFORMATION

Benediktinerabtei St. Mauritius, Mauritiushof 1, 94557 Niederalteich, Tel. 09901 20 80, www.abtei-niederaltaich.de

❺ Zenting

Namen wie Gruselsberg oder Holzödfeld sollten niemanden abschrecken – die Landschaft schmiegt sich lieblich um Zenting (1200 Einw.).

SEHENSWERT

Den wohl schönsten Gemeindeteil bildet **Ranfels,** dessen Schloss (13. Jh., Umbau 16. Jh.) und die Pfarrkirche auf einem Granitfelsen balancieren. Bis heute stehen das Torhaus und einige Teile der Vorburg.

ERLEBEN

Um elf Meter überragt der **Brotjacklriegel** die 1000-Meter-Marke – und um 127 Stufen. Sie führen auf den 27 Meter hohen Aussichtsturm und das holzverkleidete Turmstüberl (€), in dem es Brotzeiten und einfache Gerichte gibt (Ende März bis Ende Okt., tgl. 10.00–18.00 Uhr).

UMGEBUNG

Im **Museumsdorf Bayerischer Wald** stehen über 150 Gebäude, erbaut von 1580 bis 1850. Es gibt Absonderliches, wie das Haus, von dem nur noch die Fassade existiert, große Höfe und viele typische Waldlerhäuser, Getreidekästen und Mühlen. 60 000 Objekte haben sich mit über die Zeit gerettet (ca. 10 km südl., Am Dreiburgensee, 94104 Tittling, Tel. 08504 84 82, www.museumsdorf.com, Ostern–Okt. tgl. 9.00 bis 18.00 Uhr, Winter kürzer).

INFORMATION
Tourist-Information Zenting, Schulgasse 4, 94579 Zenting, Tel. 09907 8 72 00 15, www.zenting.de

 Grafenau

Die Geschichte der ältesten Stadt im Bayerischen Wald verlief zwischen mittelalterlichem Erfolg und Nachkriegs-Bedeutungslosigkeit. Durch die Gemeindegebietsreform wuchsen die Einwohnerzahl der „Bärenstadt" (ein Bär ist im Wappen) auf derzeit 83 000 und ihr Selbstbewusstsein als wirtschaftsstarke Gemeinde. Hier hat die Nationalparkverwaltung ihren Sitz. Wanderer können sich an über 100 km markierten Wegen freuen.

Tipp

Schnupfen in Grafenau

Eine Zeitreise in jeder Hinsicht: Das Gebäude, in dem das Schnupftabakmuseum untergebracht ist, diente einst als Spital. Das Museum in Grafenau erklärt die Herstellung von „Schmai" und „Schmalzler" und zeigt Raritäten der Aufbewahrung vom echten Schafskopf bis zum hauchzart geschnürlten Glas.

Spitalstraße, www.museum-grafenau.de, Di.–Do. 10.00–13.00, Fr.–So. 14.00–17.00 Uhr

MUSEUM
Das **Bauernmöbelmuseum** zeigt das Inventar einstigen Landlebens, dessen fröhliche Farben genauso rühren wie sein Puppenstubenambiente (Westeingang Kurpark, Tel. 08552 33 18, www.museum-grafenau.de, Di.–Do. 10.00 bis 13.00, Fr.–So. 14.00–17.00 Uhr).

INFORMATION
Touristinformation, Rathausgasse 1, 94481 Grafenau, Tel. 08552 96 23 43, www.grafenau.de

Genießen   Erleben   Erfahren

DuMont Aktiv

Hart an der Grenze

Von besonderem Reiz ist die Wanderung vom Dreisessel zum Tschechischen Plöckenstein mit Schneeschuhen im Winter, wenn Baumskelette und Felsen dicke Schneepolster tragen. Die Tour folgt dem Grenzverlauf und berührt am Dreiländereck Deutschland – Österreich – Tschechien einen markanten Punkt.

Die Schneeschuhwanderung zum Dreisessel verlangt zunächst, dass man die Zähne zusammenbeißt – denn vom Parkplatz am Ausflugslokal Dreisesselalm geht es auf der Skipiste 350 Höhenmeter stur bergan. Gegenverkehr von oben ist nicht zu befürchten: Der Schlepplift hat 2015 seinen Betrieb eingestellt. Der Hochstein wird passiert, sein Gipfel kommt beim Fußweg nach einer Stunde in Sicht – der höchste Punkt der Dreisesselgruppe und ein Beispiel der Wollsackverwitterung. Sie bezeichnet die faltige Physiognomie der Granitfelsen, die den Eindruck weicher Kissen erwecken. Vom Dreisesselfels reicht der Blick über ein Meer von borkenkäferrasierten Fichtenstämmen bis zum 1379 Meter hohen Tschechischen Plöckenstein.

Am Dreiländereck versinken die Schilder fast im Schnee. „Pozor!" warnen die tschechischen, „Landesgrenze" die deutschen – Kalter-Krieg-Relikte in der Januarkälte. Im Nationalpark Šumava fällt eine schroffe Kante fast 300 Meter tief zum Plöckensteiner See ab, auf der anderen Seite geht es sanft bergab bis zum Rosenberger Gut in Lackenhäuser oder auf gleichem Weg retour.

Weitere Informationen

Start: Parkplatz Dreisesselalm an der Hauptstraße von Neureichenau
Ausrüstung: Schneeschuhe für Wanderungen im Dreisesselgebiet verleihen Sportgeschäfte in Neureichenau oder Waldkirchen
Einkehrmöglichkeiten: Dreisessel-Schutzhaus auf 1312 m; ab Plöckenstein: Wirtshaus Zum Rosenberger Gut (nur Sa., So.).

Tourverlauf: Die Strecke führt zwischen Hochstein und Plöckenstein über knapp 5 km beinahe eben über den Kamm. Die rund fünfstündige Tour bewältigen auch Schneeschuheinsteiger.
Ab Rosenberger Gut verkehren zwei Mal am Tag Busse bis Neureichenau.

Internet: www.dreisessel.com

Gut beschuht durch den Pulverschnee – daran haben schnell auch Anfänger Spaß.

Einmalig prächtig

Die Lage macht Passau so schnell keiner nach: Am Treffpunkt dreier Flüsse regieren in der fürstbischöflichen Residenzstadt seit Jahrhunderten Reichtum und Geschmack. Italienische Handwerker gestalteten den Dom in reinem Barock und setzten auch in der Altstadt feine Akzente. Sogar die Hochwasser sind hier rekordverdächtig.

Über Passaus Altstadt thront der mächtige Dom, der größte barocke Kirchenraum nördlich der Alpen.

Das grüne Wasser des Inns trifft in Passau auf die dunkel schimmernde Donau.

„Wir sind Randregion (…), wo man oft mit sich und der Natur allein ist. Das ist mit viel Zeit zum Nachdenken verbunden. Daraus entstehen (…) diese skurrilen, grotesken Gedankengänge, ein in Mythen und Verschwörungstheorien verwobenes Denken."

Sigi Zimmerschied (Interview)

An manchen Tagen ist der Himmel so blau und St. Stephan leuchtet so weiß, dass man sich keine bayerischere Stadt vorstellen kann als Passau. Beschienen von einer südlichen Sonne, wirken die pastellfarbenen Häuser vom Aussichtspunkt der Veste Oberhaus derart gekonnt arrangiert, dass selbst Italiener ins Schwärmen gerieten: „Diese Stadt ist der höchsten Fürsten der Christenheit würdig", schrieb Enea Silvio Piccolomini 1444, bevor er als Papst Pius I. selbst einer wurde.

An seinem Satz hat sich in den letzten 575 Jahren wenig geändert – abgesehen vom 27. April 1662, der bis heute als schwärzester Tag der Stadtgeschichte gilt. Damals brannten die komplette Altstadt und Teile des Neumarkts, es loderten die Innstadt mit dem Kloster Mariahilf und der Vorgängerbau von St. Stephan. Dem Dom gab die Druckwelle nach den Böllerschüssen zu Fronleichnam den Rest; so viel Chuzpe muss man haben, in einer verbrannten Stadt Kanonen zu zünden!

Als hätte er im Flammenmeer anno 1662 auch innerlich Schaden genommen, grinst der steinerne Kopf des Passauer Tölpels, manche sagen, er stelle den heiligen Stephan dar. Er soll von der Domfassade gefallen sein und dabei einen Teil seiner Physiognomie eingebüßt haben. Heute steht das ehemalige Wahrzeichen der Stadt vor dem Landratsamt – ein Schelm, wer Böses dabei denkt.

Alle Jahre wieder Land unter

Die weiß-blaue Pracht ist das eine, der regelmäßige graue Untergang ein anderes – das Hochwasser, gespeist aus drei Flüssen, bringt Passau verlässlich in die Schlagzeilen. Der normale Pegelstand der Donau bewegt sich bei fünf Metern, am 3. Juni 2013 stieg er bis auf 12,89 Meter. Eine größere Höhe hatte zuvor nur der Wasserstand im August 1501 erreicht, er lag bei circa 13,2 Metern; beim Magdalenenhochwasser im Juli 1342 hatte niemand einen Zollstock parat – es soll aber alle Brücken von Straubing bis Passau fortgespült haben.

Markierungen an den flussseitigen Altstadtmauern halten hoch über den Köpfen der Flaneure am Innkai und der Donaulände die Flutereignisse fest, von den farbigen Gebäuden sind die Spuren längst getilgt.

Vor allem der silbrig grüne Inn hat seine Tücken: In nur einer Stunde kann er um einen Meter steigen und seine 180 Meter durchschnittliche Breite mächtig ausdehnen. Schon an normalen Tagen hat, wer ins 14 Grad Celsius kalte Wasser fällt, kaum eine Chance, heil aus den vielen Strudeln herauszukommen.

Sakrale Räume mit reicher Ausstattung: in Wien gefertigte Kanzel (li.) im Passauer Dom und Kapelle des hl. Georg (re.) in der Veste Oberhaus

Der Schaiblingsturm mit seinem kegelförmigen Dach war einst ein Wehrturm am Inn zum Schutz der Stadt.

Die Westfassade mit ihren beiden Türmen kennzeichnet den Dom schon von außen als Basilika. Vor Kurzem erhielt der Dom eine neue Kalklasur in reinem Weiß.

Lebenslust wird in Passau groß-
geschrieben, Cafés tragen dazu
bei. Die Terrasse des Kowalski am
Oberen Sand, die den Blick auf
den hellen Passauer Dom eröffnet,
eignet sich wunderbar für eine
Pause.

Leichter Dekor aus Stuck, vor allem feine
Rocailleformen schmücken das Stiegenhaus in
der Neuen Residenz in Passau.

Cafés, Bars, Kneipen – in der Altstadt von Passau müssen Ausgehfreudige nicht lange
nach einem geeigneten Plätzchen für ihren Aperitif suchen.

Die Neue Mitte soll zur Neugestaltung von Passaus Innenstadt beitragen, die Bebauung sorgte aber für heftige Diskussionen.

Der Wittelsbacher-Brunnen mit den „Flussgöttern" von Donau, Inn und Ilz verschönert den Residenzplatz.

Flutwarner in Passau müssen Meister der Wahrscheinlichkeitsrechnung sein und Wassermengen, Scheitelpunkte und Fließgeschwindigkeiten einbeziehen. Im Jahr 2013 stieg das Wasser schneller, als sie hatten rechnen können.

Schöne Täuschungen

Von der Veste Oberhaus, die sich die Fürstbischöfe als Zeichen ihrer weltlichen Macht errichteten, reicht der schönste Blick auf die Stadt, doch nur von einer Stelle aus lässt sich der Zusammenfluss aller drei Flüsse sehen – von der Batterie Linde, ganz im Osten der Festung und natürlich hinter der Bezahlschranke. Die Altstadt wirkt von dort wie eine voll beladene Architektur-Arche, vor deren Bug sich der helle Inn in die dunkle Donau ergibt. Die Ilz biegt kanalisiert von Norden dazu.

Die Fenster der Veste Oberhaus sind im unteren Teil nur aufgemalt – wollten da die Bischöfe etwas mehr scheinen, als sie waren? Immerhin ist die Täuschung so gut gelungen, dass einmal sogar Diebe den Einstieg durch ein Fenster-Bild probierten.

An Geld hat es den hohen Herren sicher nie gefehlt. Ende des 17. Jahrhunderts begleitete ein Zug von 266 Männern und 231 Pferden das Schiff des Kardinals Johann Philipp von Lamberg

Passauer Wappen

Die Schöne und ihr Biest

Wie Passau auf den Wolf gekommen ist, erklären drei Geschichten. Die langweiligste (und vermutlich wahre): Das Wappen stammt von dem niederösterreichischen Adligen Wolfger von Erla, Passauer Bischof von 1191 bis 1204.

Die Erklärung Nummer zwei prangt an einer Haustafel am Gebäude der Handwerkskammer: Im Mittelalter und in der frühen Neuzeit war die Stadt für ihre Schwerter und Messer bekannt. Die sogenannten Passauer Wolfsklingen trugen ein Wolfsemblem.

Und schließlich die anrührendste Legende, die sich zugetragen haben soll, als Passau noch Batavis hieß und als nachrömische Siedlung nur aus einem Kirchlein und ein paar Holzhütten bestand: Das Mädchen Hanna fand vor der Tür ihrer Kate einen Wolfswelpen und zog ihn trotz der Skepsis ihrer Eltern groß. Das Tier erwies sich als gelehrig und friedlich.

Passauer Wolf im Wappen in der Veste

Bei der Jagd apportierte es das angeschossene Wild. Seine Wappentauglichkeit aber erwarb der Wolf, als er die herangewachsene Hanna im Wald gehindert haben soll, sich auf ein sonniges Moospolster zu legen – das sich bei genauerem Hinsehen als ein Nest von jungen Kreuzottern erwies.

zum Immerwährenden Reichstag nach Regensburg. Heute würde Johann Philipp vermutlich das „Kristallschiff MS Donau" nehmen, in dem 1,7 Mio. Swarovski-Kristalle verarbeitet sind; abzüglich der paar zu Andenkenzwecken entwendeten Steinchen, die nach jeder Zwei-Stunden-Fahrt ins Donautal fehlen, weil sie gar zu verführerisch funkeln.

Neue Diener …

Aktuell leitet eine bayernuntypische Allianz aus SPD, ÖDP und Grünen die Passauer Stadtgeschäfte – ein Grund dürfte der Bau der Neuen Mitte sein. Für das Shopping- und Unterhaltungszentrum klotzte man gegen viele Widerstände Beton und grünen Gneis auf den Exerzierplatz. Die planende CSU befürchtete, den Anschluss an Linz und Regensburg zu verlieren, und machte sich halb Passau zum Feind.

Doch zumindest an den Markttagen tummeln sich die Einheimischen weiterhin in der Altstadt: im Klostergarten und auf dem Domplatz. In seiner Mitte steht der „Regenprüfer" beziehungsweise Max I. Joseph, der erste bayerische König. Er hält die zum Segnen ausgestreckte Hand über die Häupter seiner Passauer Untertanen. Dabei kehrt er dem Dom den Rücken zu, das zeigt, wie der Säkularisationsherrscher zur Kirche stand. Statt zum herrlichen Dom blickt

Die Swarovski-Kristalle funkeln verführerisch auf dem Kristallschiff.

der gute Katholik Max nun zum blassblauen Lamberg-Palais, in dem 1552 der Passauer Vertrag geschlossen wurde – die erste formale Anerkennung des Protestantismus.

… und mächtige Herren

Auf der anderen Seite vom Domplatz strahlt die italienische Barockfassade von St. Stephan in reinem Weiß. Wohl seit 450 hat an diesem Platz eine Kirche

Der Oberbürgermeister sowie Stadträte und Ehrengäste werden beim Ilzer Haferlfest von der „Ilzer Perle" am Rathaus abgeholt und mit dem Schiff in die Ilzstadt aufs Festgelände gebracht. Zur Begleitung der „Perle" gehören Bacchus, Gambrinus und Neptun (v. l. Chris Craxton, Perle Lena Rohmann, David Stockbauer-Muhr, Martin Gahr, 2019), aber auch die Goldhaubenfrauen (o.).
In festfreien Zeiten genießen Ausflugsgäste die Fahrt mit der Donauschifffahrt über die Donau (Mitte), die Veste im Blick.

Ganz traditionell geht das Ilzer Haferlfest in der Ilzstadt vonstatten. OB Jürgen Dupper (re., 2019) begrüßt Gäste der Festgemeinde am Ufer.

Passau sieht sich als Bindeglied zwischen West und Ost und gibt sich entsprechend gastfreundlich und weltoffen – auch in kulturellen Belangen.

Rechts: Die Ludwigstraße in Passau, eine Fußgängerzone, ziert das „Kunstwerk mit Wasser", ein „Dialog Mensch/Fisch", von Edeltraud M. Göpfert.

Unten: Die Kabarettbühne im Gewölbekeller des Scharfrichter-Hauses ist berüchtigt für ihren Witz und ihre Sprachkunst.

Links: Mitglieder des Kammerorchesters Academy of St Martin in the Fields traten in der Kirche St. Michael im Rahmen der Festspiele Europäische Wochen in Passau auf.

Der „Verstrichenen Zeit – Elfolyó idő" widmete sich das MMK Passau in Erinnerung an den Fall des Eisernen Vorhangs. Zu dessen 30. Jahrestag...

... zeigte es Werke ungarischer Künstler, darunter Ádám Farkas, Eckiger Moebius, 2016 (Mitte) und Gábor Véssey, Der Redner, 2008 (re.).

gestanden, doch der Brand von 1662 vernichtete sehr gründlich fast alle Spuren früherer Bauepochen: Nur der Ostteil hielt und durfte außen gotisch bleiben. Im Inneren bestand der damals amtierende Fürstbischof auf einer rein barocken Ausführung und übersah bloß einen einzigen gotischen Bogen, aber ist das von Bedeutung bei einem Bau von 30 Metern Höhe und 102 Metern Länge?

Die „kleinen" Engel des Stuckateurs Giovanni Battista Carlone, der für das gesamte Stuckwerk im Dom zuständig war, messen 2,15 Meter. Einer der allesamt ernsten Engel ist besonders rührend: Er trocknet seine Tränen mit einem Tüchlein. Vermutlich hat der Künstler hier sein Kind verewigt, das weinte, wenn der Vater nach der Winterpause wieder Richtung Norden aufbrach. Er war einer von 16 Artisti dei Laghi, also Künstlern von den Oberitalienischen Seen, die hier 18 Jahre zusammenarbeiteten.

Die Gestaltung der Fresken hat Carpoforo Tencalla übernommen und sich selbst mit einem roten Turban dargestellt. Das Bildprogramm der Decke zeigt unter anderem die Vertreibung der Händler aus dem Tempel, den Triumphzug der Kirche und im Chor das Martyrium des hl. Stephanus. Die Vierungskuppel ist Gottvater vorbehalten, dessen Kopf hier mehr als einen Meter misst.

Flussgottheit mit Hut

Heute scheint der Dom sehr üppig für eine Kleinstadt bemessen, doch seine Größe entsprach der Bedeutung Passaus über die Jahrhunderte. Hier lag das Zentrum des größten Bistums in Europa. Bis 1469 erstreckte es sich noch über Wien hinaus. In der früheren fürstbischöflichen Alten Residenz entstand eine Version des Nibelungenlieds, an Ort und Stelle heiratete ein Habsburger Kaiser.

Ein paar Schritte aus der engen Gasse heraus, und es öffnet sich der Residenzplatz mit dem Wittelsbacher-Brunnen, der den drei Flüssen huldigt: Die Ilz ist mit Perlen dargestellt, die Donau mit Getreideähren und der Inn mit Tirolerhut. In der Adventszeit schmückt ein Kranz mit 24 Kerzen den Brunnen.

Schwertscharfer Humor

Für den Residenzplatz wie für die umliegenden Gässchen gilt: Wenn Passau ein

Problem hat, dann ist es wohl weniger die Ent- als die Bevölkerung der Altstadt. Touristen kommen in Massen von den bis zu 20 Flusskreuzfahrtschiffen, die in der Hochsaison täglich anlegen. Rund 3000 Stopps sind es im Jahr, fast 190 verschiedene Schiffstypen und -gesellschaften. Menschen aller Nationen strömen in Pulks durch die Kopfsteinpflastergassen – die meisten lassen nur wenig Geld in den Cafés und Geschäften. Insgesamt 1,5 Mio. Gäste steuern Passau im Jahr an, auf jeden der 51000 Einwohner kommen 30 Touristen. Ob sie auch nur eine Silbe im Kabarett des ScharfrichterHauses verstehen würden – selbst wenn sie

Menschen aller Nationen strömen in Pulks über Passaus Kopfsteinpflaster.

deutsch sprechen? Der Name leitet sich vom Münchner Kabarett der „11 Scharfrichter" ab – im Passauer Haus wohnte nie ein Henker oder Scharfrichter. Lustig war es dort früher dennoch nicht: In der Milchgasse 2 war das Prisileg, das Gefängnis, untergebracht.

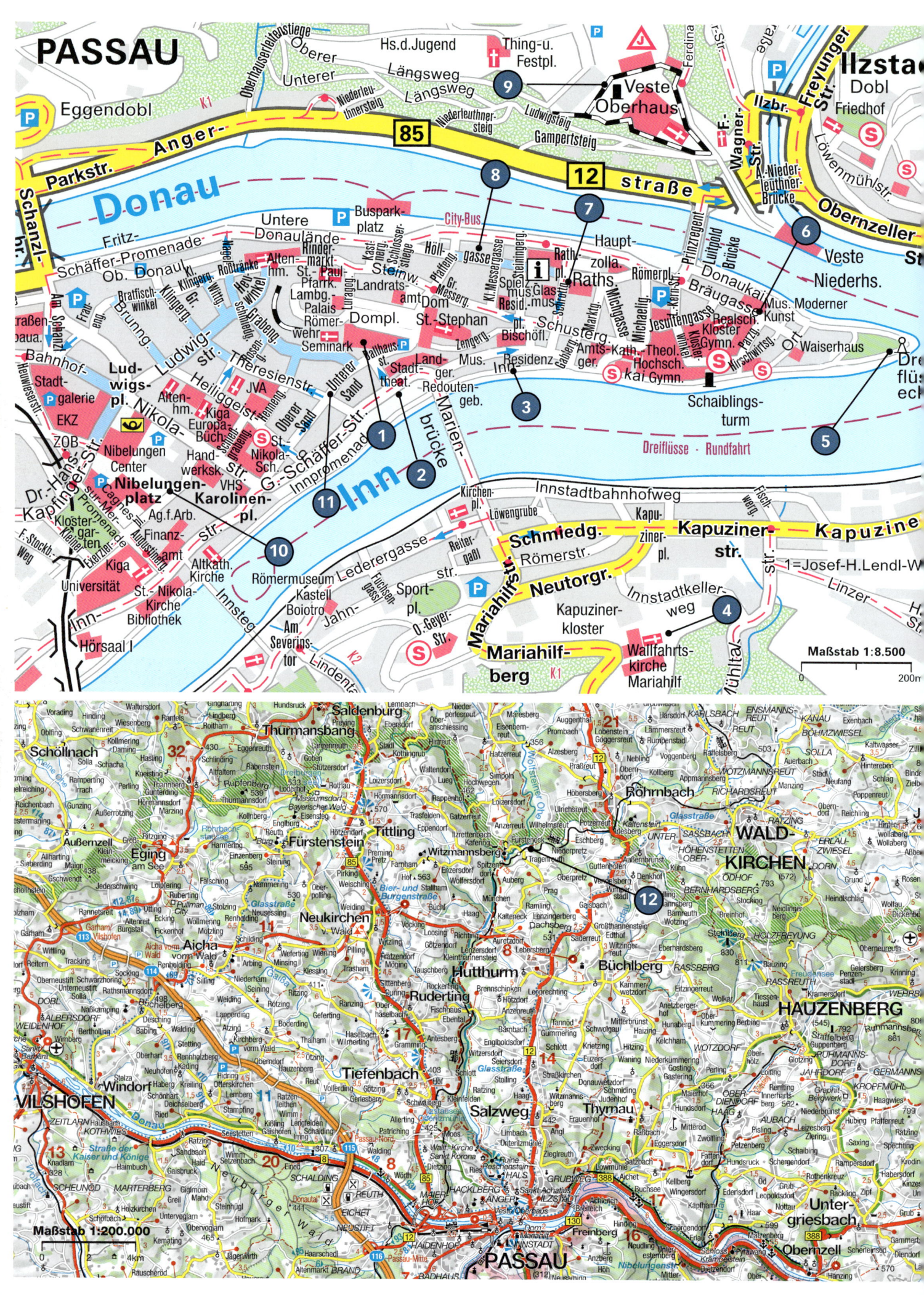

Stadt der kurzen Wege

Weil die Halbinsel, auf der sich Passau ausbreitet, nur begrenzten Platz bietet, finden sich viele Attraktionen der Stadt auf kleinem Raum. Durch die überraschenden Gassenverläufe und die italienisch-helle Ästhetik von Häusern und Plätzen stellt sich dennoch kein Gefühl der Enge ein. Über ein Paradies für gemütliche Passanten.

Allgemein

Zwei Dinge waren über Jahrhunderte wichtig in der Dreiflüssestadt: der Handel und die Katholische Kirche – der Warenumschlag war zuerst da. Ihn betrieben wohl schon die Kelten, die sich hier um 100 v. Chr. niederließen, ganz sicher aber die Römer. Mit Batavis (daher rührt der Name Passau) und Boiotro (die heutige Innstadt) unterhielten sie zwei Grenzkastelle am Zusammentreffen der Flüsse.

Im Jahr 739 gewinnt die Kirche an Bedeutung: Passau wird Bischofssitz. 999 erhält der damalige Bischof Christian von Kaiser Otto III. auch die weltliche Macht. Die Diözese steigt zum größten Bistum des Heiligen Römischen Reiches auf. Ulrich II. ist 1217 der erste Fürstbischof von Passau, er beginnt mit dem Bau der Veste Oberhaus. Derweil sichert der Handel mit Salz, Getreide, Gewürzen und Leinen den Wohlstand in der Stadt; die wichtigsten Exportgüter sind Grafit, Keramik und Schwerter, die „Passauer Wolfsklingen". Im Dezember 1676 erlebt Passau seinen gesellschaftlichen Höhepunkt bei der Hochzeit Kaiser Leopolds I. mit Eleonore von der Pfalz-Neuburg. Die Reichsunmittelbarkeit des Hochstifts Passau reicht bis zur Säkularisation 1803, rund 20 Jahre zuvor hatte Kaiser Joseph II. aus dem Hause Habsburg dessen österreichische Gebiete kassiert. Bedeutsame Ereignisse der Stadtgeschichte haben mit Feuer und Wasser zu tun. Die italienischen Handwerker, die nach dem großen Brand den neuen barocken Dom errichteten, hinterließen ihre Handschrift auch an anderen Gebäuden, etwa der Residenz.

Die wichtigsten Bauprojekte der jüngeren Vergangenheit sind die Dreiländerhalle und die Neue Mitte mit Büros, Geschäften, Cafés und dem Zentralen Omnibusbahnhof. Die Universität in Passau hat Fakultäten für Jura, Mathematik/Informatik, BWL und Philosophie.

Sehenswert

Der ❶ **Domplatz** ist ein guter Ausgangspunkt für eine Stadtbesichtigung. Am Platz mit dem Denkmal für den ersten bayerischen König, Max I. Joseph, liegen das Lamberg-Palais, in dem 1552 der Passauer Religionsvertrag den Augsburger Religionsfrieden vorbereitete. Im ehemaligen Gästehaus der Fürstbischöfe

Dreiflüsseeck von der Veste aus (o.); Hochwassermarke am Hotel Wilder Mann in Passau (re. o.); Vierungskuppel im Passauer Dom (u.)

direkt am Dom ist heute die Pralinenwerkstatt Greindl mit Café untergebracht.

Im **Dom St. Stephan** TOPZIEL, der hochwassersicher 13 Meter über den Normalpegeln der Flüsse thront, sind fünf Bauperioden belegt, nur zwei treten sichtbar hervor: die Spätgotik am Ostteil und der Barock. Mit dem Wiederaufbau war Carlo Lurago beauftragt, die Innenausstattung schuf Giovanni Battista Carlone, die Fresken Carpoforo Tencalla. Im Dom befindet sich die größte Orgel Europas mit 233 klingenden Registern und fast 18 000 Orgelpfeifen, die längste misst 11,30 Meter. Von Mai bis Okt. findet mittags ein Orgelkonzert statt (Mo.–Sa.; für die Einspielzeit des Organisten und das Konzert bleibt der Dom dann 10.45–12.30 Uhr für die Allgemeinheit geschlossen, s. u.).

Nur die schmale Zengergasse trennt den Dom von der **Fürstbischöflichen Alten Residenz**, in der heute das Land- und Amtsgericht tagt. Im bezaubernden Fürstbischöflichen Opernhaus residiert seit 1961 das ❷ **Stadttheater**. 1783 eröffnet, bot die Oper auch dem gemeinen Volk Unterhaltung.

Die ❸ **Neue Residenz** hat ein schönes Rokoko-Treppenhaus von Johann Baptist Modler und seinen Söhnen. Das Deckenfresko kündet von städtischem Selbstbewusstsein: „Die Götter des Olymp huldigen der ewigen Stadt Passau" lautet das Bildprogramm. Den **Residenzplatz** gestaltete Jakob Bradl 1903. Sehenswert

ist die **Hofapotheke** von 1384 am Residenzplatz 12. Wer genau hinschaut, entdeckt eine Dose mit „Manna" im Regal.

Von der Südseite des Platzes führt die winzige Zinngießergasse ans Innufer. Auf der anderen Flussseite liegt die Innstadt, gekrönt von der ❹ **Wallfahrtskirche Mariahilf**. Zur 1627 vollendeten Kirche führen 321 Treppenstufen – Kaiser Leopold I. soll sie täglich im Gebet erklommen haben, als die Türken vor Wien standen. Mit dem Ruf „Maria hilf!" ritt er 1683 in die entscheidende Schlacht und besiegte mit dem Heer die dreifach überlegenen Osmanen. Über den **Schaiblingsturm** gelangt man zur ❺ **Ortsspitze**, dem **Dreiflüsseeck**, wo Inn und Donau (samt Ilz) zusammenfließen. Vorbei an der Büste von Emerenz Meier und am ❻ **Museum Moderner Kunst Wörlen** (s. u.) geht es am Donaukai entlang bis zum ❼ **Alten Rathaus**. Seine ältesten Teile stammen von 1393, der historische Turm von 1892. Hinter dem Hotel Wilder Mann beginnt die ❽ **Höllgasse**, deren farbige Pflastersteine auf viele kleine Ateliers verweisen.

Einen Abstecher lohnt die ⑨ **Veste Oberhaus**, die 800 Jahre alte Schutzburg der Fürstbischöfe. Vom neu eröffneten Aussichtsturm hat man einen tollen Blick auf die Altstadt. Unterhalb führt die Ilzbrücke zur **Ilzstadt**. Der ⑩ **Nibelungenplatz** ist Teil von Passaus Neuer Mitte.

MUSEEN

Hinter seiner Renaissancefassade birgt eines der ältesten Häuser Passaus das ⑥ **Museum Moderner Kunst Wörlen**. Im ersten Stock zeigen zwei „Passauer Decken", Bohlen-Balken-Konstruktionen aus dem Barock, und die unterschiedlichen Höhen der Zimmer, dass hier vier Häuser ein Museum bilden (Bräugasse 17, Tel. 0851 3 83 87 90, www.mmk-passau.de, Di. bis So. 10.00–18.00 Uhr).

Einen Abglanz einstiger Herrlichkeit gibt das ① **Domschatz- und Diözesanmuseum**, das sich im sog. Saalbau befindet und vom Dom aus über die reich mit Fresken ausgestattete Bibliothek erreichbar ist. Es bewahrt Zeugnisse früherer Religiosität und den Bestand, der nicht in der Säkularisation nach München verschleppt wurde (Residenzplatz 8, www.bistum-passau.de, 2. Mai–Okt., Mo.–Fr. 10.00–16.00 Uhr). Der Schauspieler Ottfried Fischer richtete 2016 ein Hochwassermuseum ein: das ⑪ **Gluseum**. Es dokumentiert Flutschicksale und -solidarität (Unterer Sand 2, www.gluseum.com, Mo., Mi., Do. 14.00–18.00, Fr.–So. ab 13.00 Uhr).

Tipp

Auf den Hund gekommen

Es war der Renner im ersten Jahr seines Bestehens: das Dackelmuseum. Über 30 000 Besucher zählte das weltweit einzige Museum seiner Art. In aller Bescheidenheit sprechen die Gründer Seppi Küblbeck und Oliver Storz von der „Weltanschauung Dackel" und präsentieren direkt am Residenzplatz 4500 meist kurzbeinige Exponate.

DACKELMUSEUM
Kleine Residenz, Große Messergasse 1, 94032 Passau, Tel. 0851 3 04 39, www.dackelmuseum.de, tgl. 10.00–16.00 Uhr

Schäferstündchen in Porzellan im Museum Oberhaus (o.), Haus am Strom in Jochenstein (re. o.), Hacklberger Biergarten in Passau (u.)

Veranstaltungen

Noch bunter kann ein Festzug kaum sein: Mehr als 3000 Teilnehmer zählt der Trachten- und Schützenumzug am ersten Sonntag der **Maidult** – es ist der zweitgrößte Zug in Bayern. Etwa 100 beteiligte Vereine hoffen jedes Jahr auf gutes Wetter, damit die Gewänder und wertvollen Goldhauben keinen Schaden nehmen (www.passauer-dult.de).

Weil es so nah an Tschechien und Österreich lag, wählten die amerikanischen Besatzer ganz bewusst Passau aus, um mit den **Europäischen Wochen** 1952 die ersten Festspiele der Nachkriegszeit zu begründen. Seitdem haben sich die Festspiele zum größten Kulturfestival der Dreiländerregion entwickelt. An sechs Wochenenden zwischen Ende Juni und Anfang August finden über 50 Veranstaltungen in mehreren Sparten statt: Theateraufführungen, Musik, Lesungen (http://ew-passau.de, Ticket-Hotline: 0851 5 60 92 26).

Wenn Hochwasser den kleinen Park am Dreiflüsseeck überflutet, fällt das **Eulenspiegel-Festival** ins Wasser. Ansonsten schlägt es jedes Jahr von Anfang bis Mitte Juli sein Zelt zwischen den Bäumen auf und präsentiert, was in Bayern Rang und Namen hat – von jungen Bands bis zu verdienten Kabarett-Haudegen (Infotel. 089 34 49 75, https://eulenspiegel-passau.de). Während der **Kunstnacht** im Juli öffnen die Künstlerateliers in der Höllgasse ihre Türen (https://kunstnachtpassau.de).

Musik und Theater

Der größten Domorgel der Welt und größten Orgel Europas zu lauschen, ist ein Höhepunkt jedes Besuchs: Vom 2. Mai bis Ende Okt. geben die Dommusiker um 12.00 Uhr ein halbstündiges **Orgel-Konzert** im Hohen Dom St. Stephan (Mo.–Sa.). Karten sind ab 10.00 Uhr am Kassen-

haus im Dominnenhof erhältlich. Einlass zum Orgelkonzert ist um 11.20 Uhr. Weitere Konzerte listet www.bistum-passau.de.

Im **ScharfrichterHaus** haben Kabarett, Comedy, Lesungen und Musik eine Bühne (Milchgasse 2, https://scharfrichterhaus.de).

Hotels

Das familiengeführte €€ **Hotel Residenz** bietet 50 Zimmer in bester Lage, dazu eine Gästebibliothek (Fritz-Schäffler-Promenade 6, www.residenz-passau.de). Rasend günstig und kunterbunt: das € **Hotel Rotel Inn** am Donauufer (Haissengasse 10, www.rotel-inn.de).

Restaurants

Perfekte Kuchen auf Blumengeschirr, selbst gemachte Limonaden und Brotzeitbrettl tischt das €€ **Café Anton** in der Luragogasse 1 auf (Tel. 0851 9 88 51 65, www.anton-cafe.de, Mo.–Sa. 9.00–23.00, So. bis 21.00 Uhr). Wer weiß, dass Gutes auf den Teller kommt, wartet auch mal länger, etwa bei Live-Jazz jeden ersten und dritten Do. im Monat im €€ **Gasthaus Hoffragner** (Große Messergasse 8, Tel. 0851 9 66 64 66, Mo. 18.00–22.00, Di.–Sa. 18.00–1.00 Uhr). Der schönste Biergarten der Stadt serviert eigenes Bier unterm Blätterdach – und sollte es über dem € **Hacklberger Biergarten**

„Passau – eine der sieben schönsten Städte der Welt!"
Alexander von Humboldt

regnen, bietet das **Bräustüberl** trockene Plätze (Bräuhausplatz 7, Tel. 0851 5 83 82, www.hacklberger-braeustueberl.de, So.–Do. 10.00–24.00, Fr., Sa. bis 1.00 Uhr). Zum Top-Blick auf Passau gibt es 20 Palatschinken-Varianten im €€ **Restaurant Blaas** in Oberösterreich (Hinding 38, A-4785 Freinberg, www.restaurant-blaas.at, Mi.–So.).

Einkaufen

Passaus **Fußgängerzone** erstreckt sich über ein gutes Dutzend Plätze und Gassen: manche schmal und unter Schwibbögen, manche großzügig. Eine gute Adresse unter den Confiserien ist das **Flämische Schokoladenhaus** in der Grabengasse 17 (www.das-flaemische-schokoladenhaus.de).
Seit über 150 Jahren gibt es die **Papeterie im Heuwinkel** 1 (www.papeterie-im-heuwinkel. de). Eine wahre Schatzkiste: Heiner Henkes **Antiquariat und Buchhandlung im Eibl-Haus** (Luragogasse 5, Mo.–Fr. 9.00–12.00 und 14.00–18.00, Sa. bis 13.00 Uhr). Mehrere Ateliers verkaufen handgearbeiteten Schmuck, zum Beispiel **Julia Zanella** am Residenzplatz 1 (www.julia-zanella.de) oder **Susanne Hintz** in der Glaswerkstatt (Große Messergasse 6). Hüte, Schals und Regenschirme haben **Edelweiss & Rosenrot** im Sortiment (Steinweg 16, www.edelweiss-rosenrot.de).

Umgebung/Erleben

Ein 10-Meter-Sprungturm, Rutschen, Bäder für Ambitionierte und Anfänger – das **Passauer Erlebnisbad (peb)** verspricht im Sommer Abkühlung aller Art (Messestr. 7, https://peb. stadtwerke-passau.de, tgl. 8.00–22.00 Uhr).
⑫ **Fürsteneck** an der Wolfsteiner Ohe ist Ausgangspunkt für Kanutouren (24 km nördl., s. DuMont Aktiv).
Das **Haus am Strom** in Jochenstein (25 km südl., s. Karte S. 6) widmet sich der Natur und Technik im Donautal.
Es ist nur eine Frage von Zeit und Kondition, für welche Radstrecke man sich in Passau entscheidet: für den **Donauradweg** bis Donaueschingen oder nach Österreich und bis Wien? Für den **Donau-Ilz-Radweg** bis Niederalteich oder Kalteneck, die gut 500 Kilometer **Inntal-Radweg** bis Maloja (Schweiz) oder über den **Tauernradweg** bis Salzburg?
Der **Römerradweg** führt am Attersee entlang bis nach Enns in Österreich – 242 Kilometer, vorbei an römischen Mosaiken, Gehöften und Museen (www.roemerradweg.info).
Die Wanderetappen des **Donau-Panorama-wegs** sind gemütlich bemessen: Zehn Abschnitte verteilen sich auf 220 Kilometer bis Neustadt an der Donau (www.donaupanorama weg.de).

INFORMATION
Tourist-Informationen, Bahnhofstraße 28 und am Rathausplatz 2, 94032 Passau, Tel. 0851 95 59 80, www.passau.de

Genießen   Erleben   Erfahren

Flotte Flussfahrt

DuMont Aktiv

Bis unmittelbar ans Ufer reicht der Wald, hier und da beugen sich Äste übers klare Wasser, das eilig dahinströmt: Die Ilz gilt als eines der schönsten Gewässer Bayerns, das von Nord nach Süd viel Abwechslung für Kanu-Anfänger und -Könner bietet. Dass der Wald still aufragt, wäre gelogen: Es zirpt und singt und pfeift von allen Enden und Ästen, und sicher könnte man auch schauen, welche Vögel da gerade ein Konzert geben, wenn das Paddeln nicht die volle Aufmerksamkeit verlangte. Für Kanu-Anfänger ist die flotte Ilz eine Herausforderung, vor allem im oberen Lauf zwischen der Schrottenbaummühle und Fürsteneck – dieser Abschnitt ist aber nur bis 30. April befahrbar.

Der Einstieg ins zweite Teilstück liegt unterhalb von Schloss Fürsteneck an der Wolfsteiner Ohe, die kurz darauf in die Ilz mündet. Dort gilt der Fluss schon als weitgehend gezähmt – der Neuling ist trotzdem beeindruckt von den kleinen Stromschnellen und Schaumkronen, die die Steine im Flussbett markieren. Die kühle Ilz übergeht sie geschmeidig, das gelingt im Kanu nicht immer, schadet aber weder den unsinkbaren Schlauchbooten noch der Laune.

Neun Kilometer oder etwa zwei Stunden misst der landschaftlich schönste Abschnitt bis Fischhaus bei Ruderting. Nur der Ort Kalteneck liegt an der Strecke, ansonsten sind die Ufer höchstens von Wanderern bevölkert. Unterhalb von Fischhaus beginnt das gemütlichste Teilstück, der Flussabschnitt in Richtung Ilztalsee mit seinen vielen Badestellen.

Weitere Informationen

Anbieter: Kanutouren bieten derzeit nur Bohemia Tours, Waldschmidtstr. 14, 94252 Bayerisch Eisenstein, Tel. 0152 54 18 45 37, www.bohemiatours.de Weitere Angebote: u. a. Kanutouren auf dem Schwarzen Regen

Ablauf/Kosten: Bohemia Tours stellt die Ausrüstung und übernimmt Transporte. Bei eigenständiger Rückfahrt erhalten Kunden 20 Prozent Rabatt auf die Fahrt mit der Ilztalbahn. Die vorgestellte Tour kostet ab 25 €.

Vor jeder Kanutour steht die Einweisung durch den Anbieter, ob auf der Ilz oder auf dem Schwarzen Regen (Bild). Im Anschluss können die Paddel kräftig geschwungen werden.

Hotels mit dem gewissen Extra

Nächte
mit Niveau

Etwaige Vorurteile müssen zu Hause bleiben, denn die Hotellandschaft im Bayerischen Wald ist alles andere als hinterwäldlerisch: Allein 50 Wellnesshotels gibt es in der Region, viele arbeiten permanent an ihren Standards, die allermeisten haben traumhafte Auslastungsquoten. Hier eine feine Auswahl.

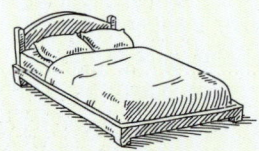

1 Private Sphäre

Wenn es nach Franz von Schnurbein ginge, würden seine Chalets einfach „Forsthütten" heißen – aber das Wort ist dann vielleicht doch zu schlicht für den Luxus, den das Forstgut bietet. Sieben Holzhäuser mit Küche und Sauna sind so konstruiert, dass sie vollkommene Ruhe für die Gäste garantieren. Die verglaste Giebelseite blickt auf den Wald und auf die Holzterrasse mit dem immer warmen Badzuber.

€€€€ Forstgut,
Schlossau 1, 94209 Regen,
Tel. 09921 84 00,
www.forstgut.de

2 Großzügiger Luxus

„Ganz wichtig sind die Liegen", sagt Hermann Reischl jr. vom Vier-Sterne-Superior-Hotel in Wegscheid. Davon gibt es mehr als genug für die maximal 162 Gäste, die sich in einer Bade- und Saunalandschaft von 5000 m² tummeln. Im topmodernen Reischlhof sorgen vom Saunameister über die Kosmetikerin bis zum Küchenchef 150 Mitarbeiter für einen Tag High-End-Entspannung, den ein exzellentes Menü beschließt.

€€€€ Reischlhof,
Sperlbrunn 7,
94110 Wegscheid,
Tel. 08592 9 39 02 00,
www.reischlhof.de

3 Natürliches Konzept

Kann die Chefin überall sein? Im Kräutergarten, bei den Forellenteichen, im Biergarten auf ein Wort mit Gästen und in der Küche? Sigrid Kamm kann – und sie weiß, wofür: um ihren Betrieb unabhängig und nachhaltig zu führen. Im weitgehend CO_2-neutralen Landgasthof schläft auch das Gewissen gut – vor allem in den modernen Brauhauszimmern und nach einer Runde „Waldbaden" mit Coachin Heidi Heigl.

€€€ Kammbräu,
Bräugasse 1,
94579 Zenting,
Tel. 09907 8 92 20,
www.kamm-braeu.de

4 Hoher Anspruch

Der Angerhof ist das höchstgelegene Sport- und Wellnesshotel im Bayerischen Wald. Er steht auf 900 Metern – und setzte 1985 Standards mit dem ersten Spa-Bereich der Region. 2019 nahm Hotelier Wagnermayr noch einmal viel Geld in die Hand und baute eine hypermoderne Wasserlandschaft mit zwei Infinitypools. Hohen Ansprüchen genügen auch der Ausblick und die Rund-um-die-Uhr-Versorgung der Dreiviertelpension – mit Frühstück, Kaffee & Kuchen sowie Dinner.

€€€€ Angerhof,
Am Anger 38,
94379 Sankt Englmar,
Tel. 09965 18 60,
www.angerhof.de

5 Eigene Abfahrt

Seinem Namen wird das Holzhotel vor allem im neuen Anbau gerecht – mit Chalet-Suiten und den 100 Quadratmeter großen Grand-Chalet-Suiten mit Privatsauna auf der Dachterrasse. Auf 126 Betten kommt das Haus, angefangen hat es 1952 mit sechs. Damals gehörte bereits der Riedlberg dazu, den skifahrende Gäste heute auf drei Pisten umsonst nutzen, bevor sie sich in der Saunalandschaft aufwärmen.

€€€€ Holzhotel Riedlberg,
Riedlberg 1,
94256 Drachselsried,
Tel. 09924 9 42 60,
www.riedlberg.de

(5)

(8)

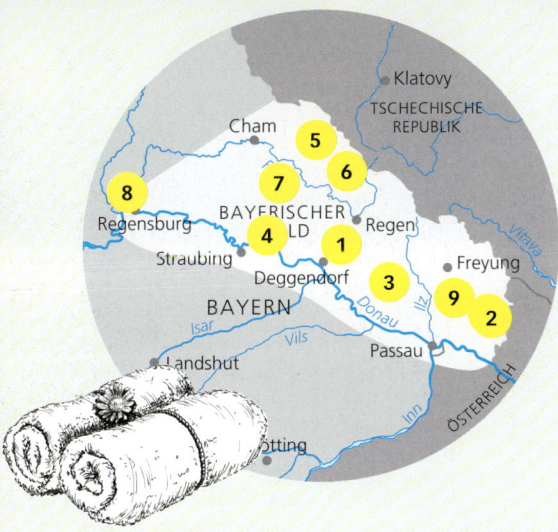

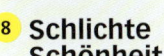

(6)

(6) Großer Auftritt

Allein der Naturbadesee erreicht eine Größe, die andernorts kaum Grundstücke haben – er misst fast 1000 Quadratmeter, taufrisch angelegt auf dem fünf Hektar großen Hotelgelände. Und auch innen ist das Vier-Sterne-S-Haus breit aufgestellt (eben S wie Superior): Es gibt rund 80 Zimmer in 30 Varianten, von schnuckeligen 27 bis zu geräumigen 123 Quadratmetern. Richtig große Klasse erreicht die Küche – unter Hotelchef Anton Benjamin Holzer.

€€€€ Mooshof,
Mooshof 7,
94249 Bodenmais,
Tel. 09924 72 38,
www.hotel-mooshof.de

(7) Feine Aussicht

Der Blick vom Infinitypool kann mit manchem Bergpanorama mithalten – und weil er ganzjährig beheizt ist, machen schwimmen und schauen auch im Winter Spaß. Wobei es genug andere Aufenthaltsorte im Vier-Sterne-Hotel Zum Bräu gibt: etwa die Whirlliegen, die Wasserbetten in der Ruhestube, die Kräutersauna mit Panoramascheibe, das Laconium oder den Naturteich. Von den modernen Zimmern ganz zu schweigen.

€€€ Zum Bräu,
Viechtacher Str. 6,
94262 Kollnburg,
Tel. 09942 9 48 50,
www.zum-braeu.de

(8) Schlichte Schönheit

Das Sudhaus hält von innen, was es von außen verspricht: pompfreie Zone – hier geht es schlicht und geschmackvoll zu. Wo früher die Brauerei Röhrl produzierte, sind heute 25 Hotelzimmer und eine Suite eingezogen, ausgestattet mit massiven Dielenböden und Schreinermöbeln. Die gute Infrastruktur hat das nagelneue Hotel gleich vor der Tür: die Gaststätte Röhrl, das älteste Wirtshaus der Welt.

€€ Hotel Röhrl,
Regensburger Str. 5,
93161 Sinzing,
Tel. 09404 9 69 29 55,
www.hotel-roehrl.com

(9) Einsame Spitze

Das erste und einzige Fünf-Sterne-Hotel im Bayerwald: Der Jagdhof in Röhrnbach hat eine steile Karriere hingelegt, seit man sich vom Bus- auf den Individualtourismus verlegte. Ein gutes Dutzend Jahre nach dieser mutigen Umstrukturierung fehlt es in dem Hotel buchstäblich an nichts: Es gibt fünf Restaurants, Zimmer jeder Art und auch kuschelige Suiten, innen und außen Wasserlandschaften sowie Saunen und einen Salzkeller. Zwischen Beauty-anwendungen und Massagen, Panorama-Event-Sauna, Wasserwelten und dem sechsgängigen Abendmenü vergehen die Urlaubstage wie im Flug – und noch schneller im hauseigenen Ferrari-Cabrio, der den Gästen für Spritztouren zur Verfügung steht.

€€€€ Jagdhof,
Putzgartenstr. 2,
94133 Röhrnbach,
Tel. 08582 9 15 9-4600,
www.jagdhof-roehrnbach.de

Für Genießer: Süßes vom Café Prinzess in Regensburg (o.), Whisky aus der Spezialitäten-Brennerei Lieb in Bad Kötzting (u.), die entspannte Fahrt mit dem Heißluftballon …

Service

Praktische Informationen für die Reise und einiges Wissenswerte zum Bayerischen Wald haben wir auf diesen Seiten für Sie zusammengestellt.

Anreise

Auto: Aus dem Norden gelangt man über die A 3 (Nürnberg) bzw. A 93 (Hof) nach Regensburg. Auf der A 93 geht es bis zum Kreuz Holledau (aus Richtung München in den nördlichen Bayerischen Wald), die A 3 führt nach Passau und weiter nach Linz. Wer aus dem Süden und Südwesten kommt und Ziele rund um und südlich von Deggendorf ansteuert, wählt ab München die A 92.
Mitten durch die Region verlaufen die B 85 und die B 11, Verkehrsader im Süden ist die B 12, im Norden die B 20.
Beim Befahren kleiner Straßen erspart man sich den Ärger über Baustellen und die Lastwagen von und nach Tschechien.
Bahn: In Plattling startet die *Waldbahn* jede Stunde nach Zwiesel, Bodenmais, Viechtach und Bayerisch Eisenstein, alle 2 Std. bindet sie Grafenau an, stündl. geht es von Gotteszell über Teisnach nach Viechtach, www.laenderbahn.com/waldbahn/fahrplan/streckennetz. Im südlichen Bayerischen Wald bedient die *Ilztalbahn* ab Passau Strecken nach Finsterau und Český Krumlov, jeweils über Waldkirchen, www.ilztalbahn.eu.
Zwischen Cham, Bad Kötzting und Lam bzw. Waldmünchen sowie von Schwandorf über Cham bis Furth im Wald verkehrt die *Oberpfalzbahn* im Ein- bis Zweistundentakt, www.laenderbahn.com/oberpfalzbahn.
Mit dem *GUTi*, dem Gästeservice-Umwelt-Ticket, fahren Urlauber kostenlos mit dem ÖPNV im Tarifgebiet des Bayerwald-Tickets. Nähere Informationen unter www.bayerwald-ticket.com.

Auskunft

Für die gesamte Region:
Tourismusverband Ostbayern e. V.,
Im Gewerbepark D02/D04, 93059 Regensburg,
Tel. 0941 58 53 90, www.bayerischer-wald.de,
www.ostbayern-tourismus.de

Parks und Landkreise:
Nationalparkverwaltung Bayerischer Wald:
Freyunger Str. 2, 94481 Grafenau,
www.nationalpark-bayerischer-wald.de
Naturpark Bayerischer Wald e. V.:
Info-Zentrum 3, 94227 Zwiesel,
www.naturpark-bayer-wald.de
Arberland Regio GmbH:
www.arberland-bayerischer-wald.de
Landratsamt Deggendorf:
www.landkreis-deggendorf.de
Tourist-Info Passauer Land:
www.landkreis-passau.de
Tourismus-Info Landkreis Regensburg:
www.landkreis-regensburg.de

Internet:
www.bayerischer-wald.de: vom Tourismusverband Ostbayern, speziell für die Region
www.hogn.de: unabhängig, unterhaltsam und dicht dran – „da Hog'n" ist ein Online-Magazin „ausm Woid" auf Hochdeutsch.

Essen und Trinken

Bis heute ist die Küche des Bayerischen Waldes bodenständig. Regionale Produkte wie Bärlauch und Schwammerln verfeinern sie.

Böhmische und österreichische Einflüsse:
Sie bereichern seit jeher die Speisezettel, etwa in Form von Knödeln oder hochkalorischen Süßspeisen. Noch vor 100 Jahren sorgten die Bäuerinnen mit erstaunlich wenigen Zutaten für Abwechslung: Sie kochten Biersuppe, Erdäpfelkas und Krautwickel oder brieten Apfelkücherl oder böhmische Liwanzen aus. „Schornbladl", Teigfladen, die zum „Fuchsenfuader" mit geriebenen Kartoffeln und viel Schmalz verarbeitet werden, genießt man bis heute, genau wie den „Kartoffelsterz", ein bröseliges Gericht aus Kartoffeln und Mehl. Bekanntheit über die Landesgrenzen hinaus hat der Pichelsteiner Eintopf erlangt: Er kombiniert Rind-, Schweine- und Kalbfleisch mit Kartoffeln, Karotten, Sellerie, Lauch und Zwiebeln. Der Name stammt vermutlich vom Pichel, einem großen Kessel, oder dem Büchelstein bei Grattersdorf.
Fleisch: Als zeitgemäße Spezialitäten gelten Steaks oder Braten vom Weiderind, etwa aus dem Lallinger Winkel. Wenn der Begriff „Böfflamot" auftaucht, handelt es sich um Rinderschmorbraten *bœuf à la mode*. „Gickerl" meint Brathähnchen und mit „Saurem Lüngerl" werden generell Innereien bezeichnet.
Regional: Fisch und Wild stammen zumeist aus der Region, genauso wie Reherl (Pfifferlinge) oder Steinpilze, z. B. als Beilage zum Semmelknödel.
Süßes: Die süßen Milirahm- oder Topfenstrudel, Germknödel oder „Hoiwadotschn" (Heidelbeer-Datschi) ersetzen leicht eine Hauptmahlzeit.

Das Ilzer Haferlfest in Passau bringt alle zusammen. Der Name leitet sich übrigens von den „Haferln", Tonkrügen, ab.

Leibspeisen der Städter: Die typischen Regensburger, Schweinsbratwürste, stammen aus der Domstadt; Straubings Agnes-Bernauer-Torte, Semmel- oder Marillenknödel aus Deggendorf. Die Passauer „Goldhaube" ist aus Nusstrüffel, Mandelsplitter und Marillenmarmelade gemacht.

Feiertage und Feste

Frühjahr/Frühsommer: Die Saison der Brauchtums- und Volksfeste beginnt mit den Maidulten in Passau (und ihrem großen Trachtenumzug, oft am letzten Aprilsamstag) und in Regensburg, sie erreicht einen ersten Höhepunkt zu Pfingsten: Dann findet am Bogenberg sonntags die Kerzenwallfahrt statt, am Pfingstmontag das Englmarisuchen in Sankt Englmar sowie der Bad Kötztinger Pfingstritt. Bis zum Herbstanfang vergeht nun kein Wochenende ohne Fest, die Europäischen Wochen in Passau und das Passauer Brückenfest im Juni, mit musikalischer Ausrichtung das Drumherum in Regen (Ende Mai/Anfang Juni).

Sommer: Es locken Freiluftaufführungen, etwa die Burghofspiele Falkenstein von Juni bis August oder die Burgfestspiele Neunußberg, gleichfalls im Hochsommer. In die Kategorie „Großes Event" fallen auch im August der Further Drachenstich und das Gäubodenvolksfest in Straubing. Gefeiert wird beim Zuckerbrot-&-Peitsche-Open-Air in Regensburg im Juli, beim Country Rock Weekend in Eging am See (Aug./Sept., 25 km südöstl. von Niederalt-eich) und bei der Arber- sowie der Geißkopf-Kirchweih Mitte August.

Herbst/Winter: Ab Mitte September, dem Termin des Saitensprung-Festivals Vejda in Viechtach, lichtet sich mit den Kulturwald-Veranstaltungen im Konzerthaus Blaibach das Angebot und klingt mit den Volksmusiktagen Zwieseler Fink Anfang November aus – nur am 10. November schlagen Hirten beim Großen Wolfauslassen in Rinchnach mit dem Geläut kiloschwerer Glocken noch einmal Alarm. Noch schauriger sind die Rauhnächte zwischen dem 21. Dezember und 6. Januar (s. auch Unsere Favoriten, Feste). Detaillierte Infos zu den Veranstaltungen geben die Websites der jeweiligen Orte, die auf den Infoseiten genannt sind.

Freizeitparks

Erlebnisparks unterschiedlichen Formats sorgen für Spaß – vom Bärenbob in Grafenau, der längsten Sommerrodelbahn (Spitalstr. 44, www.wiegandslide.de), den Badeweihern in Breitenberg und Grafenwiesen (www.bayerischer-wald.de) bis zur Westernstadt Pullman City (Eging am See, Ruberting 30, www.pullmancity.de). Zu den weitläufigen Anlagen zählen die Familien Freizeit Edelwies mit „Höllencoaster" und Waldlabyrinth (Diessenbach 1, Neukirchen, www.erlebnis-edelwies.de) und das Erlebniszentrum Hohenbogen mit Sommerrodelbahn und Skate- und Funpark (Liftstr. 2, Neukirchen, www.hohenbogen.de). Als Ostbayerns „größter" Freizeitpark wirbt der Churpfalzpark Loifling, u. a. mit Drachenschnellbahn (Churpfalzweg 6, Traitsching, www.churpfalzpark.de).

Gesundheit

Alle Landkreise in der Region gelten als FSME-Risikogebiete. Wer eine Infektion mit Frühsommer-Meningoenzephalitis fürchtet, sollte sich impfen lassen.

Hotels

Unter dem „Grünen Dach Europas" ein Dach für den eigenen Kopf zu finden ist grundsätzlich kein Problem – in allen Komfortkategorien und über meist aussagekräftige Internetseiten gibt es Angebote. Nach den Häusern der obersten Kategorie, die beinahe zu schön sind, als dass man sie für Ausflüge verlassen möchte, besteht eine breite Basis an Drei-Sterne-Unterkünften, viele darum bemüht, auf einem aktuellen Einrichtungsstand zu bleiben. Hohen Standard und viel Privatsphäre finden Urlauber in Chalets oder Hütten, beispielsweise über www.holidu.de oder www.bayerwaldportal.de. Das Portal www.bauernhofurlaub-bayerischerwald.de listet Bauernhöfe nach ihrer Verfügbarkeit, viele zu wirklich

Preiskategorien

€€€€	Doppelzimmer	über 200 €
€€€	Doppelzimmer	120 – 200 €
€€	Doppelzimmer	80 – 120 €
€	Doppelzimmer	unter 80 €

Info

Daten & Fakten

Geografische Lage und Naturraum: Die in Vorderen, Hinteren und Inneren Bayerischen Wald unterteilte Region gliedern die Flusstäler von Donau, Regen und Ilz sowie zwei markante Bergzüge und der Große Pfahl. Zu den Höhenlagen des Vorwaldes gehören beispielsweise Pröller, Brotjacklriegel und Hirschenstein, die die 1000-Meter-Marke bereits überschreiten. Die Gipfel des hinteren Gebirgszugs erreichen fast 500 Meter mehr, allen voran der Große Arber (1456 m) und der Große Rachel (1453 m). Der gesamte Bayerische Wald erstreckt sich etwa über eine Fläche von 130 Kilometern in der Länge und 60 Kilometern in der Breite zwischen dem Oberpfälzer Wald, Tschechiens Österreichs Mühlviertel und der Donau-Ebene.

Bevölkerung: Niederbayern hat 1,2 Millionen Einwohner, die Oberpfalz 1,1 Millionen – Regensburg zählt als größte Stadt der Region rund 164 000 Einwohner. Hier und in Straubing weist die Bevölkerungstendenz deutlich nach oben, in Passau und in Deggendorf steigt sie verhalten. Auch in den ländlichen Ortschaften scheint der Abwanderungstrend gestoppt, manche Gemeinde wie etwa Cham legt ordentlich zu, in anderen – beispielsweise Freyung – ist man schon über die Stagnation zufrieden. Die Besiedelungsdichte liegt bei 105 Einwohnern pro Quadratkilometer. Der überwiegende Anteil ist katholisch, doch auch unter den ehedem als streng gläubig geltenden Bayerwaldlern gibt es immer mehr konfessionslose Menschen.

Wirtschaft und Tourismus: Von wegen nichts als Holz, Glas, Granit und schlechtes Wetter: Aus dem ehemaligen Armenhaus hat sich eine echte Boomregion entwickelt. Niederbayern hat die geringste Erwerbslosenquote der Europäischen Union, und auch in Regensburg und Umgebung wächst die Wirtschaft ungebrochen. Sowohl die Werke großer Industrieunternehmer und Autobauer als auch die Profilierung als Wissenschafts- und Technikstandort sind für die positive Entwicklung verantwortlich. Nicht zu vergessen: der Tourismus. Das einstige Langweiler-Urlaubsziel Bayerischer Wald hat sich in jeder Hinsicht modernisiert und breiter aufgestellt und verzeichnet stetig Wachstumsraten.

Großer Arbersee (o.) und Höllbachgspreng (u.) sind nur zwei der vielen Ziele für Wanderer im Bayerischen Wald.

Wer nicht wandert, schwingt sich vielleicht in den Sattel – der Große Falkenstein kann für Konditionsstarke eine Herausforderung sein.

günstigen Preisen. Erschwinglich sind und gut verteilt liegen die sechs Jugendherbergen der Region (www.bayern.jugendherberge.de). Naturnahe Übernachtungsmöglichkeiten bieten das Wildniscamp des Nationalparks (z. B. am Falkenstein) oder die Website www.campadventure.de.

Kinder

Der Zauberwald am Karoli ist Waldkirchens Abenteuerspielplatz: Hochweg und Drachensteig bieten viele Stationen zum Steigen, Staunen und Lauschen. „Vogelguckhaus" und „Tannendom" heißen andere Kletterziele. Am Kletterspielplatz „bodenlos" geht es auf einer langen Rutsche (im Sommer mit Wasser) bergab. Das größte Spaßbad des Bayerischen Waldes liegt gleichfalls in Waldkirchen: der Karoli-Badepark (www.urlaub-in-waldkirchen. de, tgl. meist 10.00–20.00, Di./Do. bis 22.00 Uhr). Dann Sankt Englmar: Achterbahn – „da voglwuide Sepp" misst 755 m, Rollercoaster, Bobbahn, drei Riesen-Rutschen und die Tubingrutsche „Bayerwald Racer" im Sommer bilden die Attraktionen auf dem Egidi-Buckel (www. urlaubsregion-sankt-englmar.de).
Ruhigere Unterhaltung verspricht der 370 Meter lange und bis zu 30 Meter hohe Waldwipfelweg. Jedes zweite Jahr kommt ein neues Element zu Sinneshöhle, dem „Pfad der optischen Phänomene" und dem verrückten „Haus auf dem Kopf" hinzu (www.waldwipfelweg.de, tgl. ab 9.00 Uhr).
Sankt Englmars Alternative für schlechtes Wetter heißt Xperium: Nur wer mitmacht, erlebt hier, dass auch Mathe und Physik Spaß machen können (www.bayerwald-xperium.de, April–Okt. 9.30–17.30, sonst 10.00–17.00 Uhr). Die Umweltstation Haus am Strom in Jochenstein nahe Passau widmet sich den Themen Wasser, Energie und Natur. Neben einem Wasserfahrstuhl, der virtuellen Tretbootfahrt durch Passau und einem Hochwassermodell gibt es im wellenartig konzipierten Haus auch Schaubecken der heimischen Fisch- und Reptilienarten (www.hausamstrom.de., Mai–Mitte Sept. tgl. 9.00–18.00, sonst außer Mo. 10.00 bis 17.00 Uhr).

Klima

Früher hieß es, im Bayerischen Wald herrsche ein Dreivierteljahr Winter und ein Vierteljahr sei es kalt. Doch in Zeiten des galoppierenden Klimawandels verändern sich auch hier die Messwerte: Die Sommer werden wärmer und trockener, die Schneefälle nehmen ab. Die Höhenlagen reichen von 312 Metern (Passau und Niederalteich) bis fast 1500 Meter auf dem Großen Arber, auf den Gipfeln herrscht alpines Klima. Das Mittelgebirge liegt im 90°-Winkel zur vorherrschenden Windrichtung, das führt zu Staulagen mit starken Niederschlägen (etwa rund um den Rachel), während es im Tal des Regens vergleichsweise selten schneit oder regnet. Dort und in der Gemeinde Sonnen bei

Info

Geschichte

. . . .

8000–2300 v. Chr.: Nach dem Ende der Eiszeit folgen verschiedene Volksgruppen dem Lauf der Donau nach Norden. Sie lassen sich an den Ausläufern des Mittelgebirges nieder und etablieren moderne Anbau- und Handwerkstechniken.
2300–1200 v. Chr.: In der Bronzezeit entstehen Siedlungen bei Straubing (Sorviodurum) und Passau (Boiodurum) – das keltische Oppidum der Boier stand Namenspate für das spätere Böhmen.
15 v. Chr.: Die Römer expandieren. Kastelle wie Castra Regina, das heutige Regensburg, sichern die Vorposten gegen die „Barbaren" jenseits der Donau.
5. Jh. n. Chr.: Im Laufe des Jahrhunderts beenden Alamannen die römische Glanzzeit; die Bajuwaren wandern aus Böhmen ein.
6. Jh.: Die Agilolfinger christianisieren die Gegend und roden erste Waldgebiete.
8. Jh.: Im Jahr 739 werden Passau und Regensburg Bischofssitz.
9. Jh.: Die Karolinger übernehmen ab Ende des 8. Jh. das Ruder, das Hochstift Passau sowie die Klöster Metten und Niederalteich treiben die Besiedlung voran; wichtige Handelswege führen durch die Region.
10.–11. Jh.: Der Goldene Steig wird 1088 erstmals erwähnt.
1180: Das Herzogtum Bayern geht auf die Wittelsbacher über, die das Land mehrfach teilen.
13. Jh.: Straubing-Bogen fällt an Otto II., Niederbayern entsteht. Ab 1255: Die Städte Regensburg und Passau verdienen am Fernhandel.

16. Jh.: Die Reformation löst die Gegenreformation aus.
Gründung zahlreicher Glashütten.
17. Jh.: Der Dreißigjährige Krieg wütet, nach seiner Schreckenszeit schafft der Barock Kunstwerke der Fülle.
1800: Österreichische Truppen und Napoleon besetzen Niederbayern.
1803: Die Säkularisation löst Klöster auf und verkauft oder entwendet kirchlichen Besitz.
19. Jh.: Bayern wird 1806 Königreich, die Region heißt erstmals Bayerischer Wald, Eisenbahnstrecken erschließen das Gebiet.
1945: Nach dem Zweiten Weltkrieg kommen Hunderttausende Vertriebene in die Region; das „Armenhaus Bayerns" leidet unter seiner Grenzlage.
1962: Gründung der Universität Regensburg.
1973: Gründung der Universität Passau.
1970er-Jahre: Der Tourismus entwickelt sich.
1989: Die Wirtschaft nimmt an Fahrt auf.
2006: Regensburgs Altstadt und Stadtamhof werden UNESCO-Weltkulturerbe.
2013: Ein Jahrhunderthochwasser überschwemmt Passau, Deggendorf und Regensburg.
2017: Mit dem Campus für Biotechnologie und Nachhaltigkeit wird der Wissenschaftsstandort Straubing zur Universitätsstadt.
2019: Trotz des Schneebruchs im Januar erlebt der Bayerische Wald das touristisch erfolgreichste Jahr.
2020: Der Nationalpark feiert sein 50-jähriges Bestehen. Im Juni eröffnet das Haus der Bayerischen Geschichte in Regensburg.

Hauzenberg werden die meisten Sommertage mit Werten über 25 °C gezählt, während Haidmühle nah an der Grenze zu Tschechien als „Frostloch" gilt.

Literatur

Insider-Tipps enthält der Marco Polo Reiseführer **Bayerischer Wald** von Christine Pierach. Für jede Woche eines Jahres hat Melanie Wolfmeier **52 Eskapaden im Bayerischen Wald** zusammengestellt (beide: Ostfildern 2019). Was Krimi-Literatur angeht, sind etwa die Bände von Wolf Schreiner, Katharina Gerwens, Tessy Haslauer und Sonja Silberhorn Empfehlungen, manche liegen bereits als Hörbuch vor. Alexander Frimberger und Lothar Wandtner sammeln Kriminalkurzgeschichten aus dem Bayerwald.

Von Hans Bibelriether, dem langjährigen Leiter der Nationalparkverwaltung, stammt **Natur Natur sein lassen: Die Entstehung des ersten Nationalparks Deutschlands** (Freyung 2017), vom „Woid Woife" Wolfgang Schrell das Buch **Zurück zur Natur** (München 2017).

Bei Adalbert Stifter, etwa in **Aus dem baierischen Walde,** freut man sich daran, wie langsam sich früher Geschichten entwickeln durften. Temperamentvoller erscheint Emerenz Meier (s. DuMont Thema S. 94), deren Gedichte am besten im Dialekt klingen. Vor allem ihre Briefe schließen die ersten Jahrzehnte des 20. Jh. auf. Hans Göttler hat ihr Werk in einer zweibändigen Ausgabe herausgebracht: **Emerenz Meier – Gesammelte Werke,** Grafenau 2012.

Zu den moderneren Autoren gehören Harald Grill, Friedrich Brandl und der Nietzsche-Experte Bernhard Setzwein; Albert Mühldorfer dichtet in Mundart.

Öffnungszeiten

Es gilt: Je kleiner Ort und Laden, desto kürzer geöffnet. In den Städten haben die Geschäfte i. d. R. 10.00–18.00 Uhr geöffnet, die Einkaufszentren 9.30–19.00/20.00 Uhr. Kleinere Museen haben oft nur stundenweise geöffnet, manchmal auch alternierend. Da hilft nur ein Blick auf die Website. Im Winter verkürzt sich die Öffnungsdauer der Museen meist auf 16.00 Uhr, manche kleinen Häuser haben im Winter ganz geschlossen. Eine der Hauptattraktionen der Region hat jedoch 24 Std. an 365 Tagen im Jahr geöffnet: das Tierfreigelände im Nationalpark.

Reisezeit

Der Sommer ist Hochsaison – keine Frage, aber auch die anderen Monate haben im Bayerischen Wald ihren Reiz.

Zum Paddeln auf dem Schwarzen Regen und der Ilz eignen sich Mai und Juni, zum Wandern Juni und September. Die Wintersportsaison startet am Großen Arber kurz vor Weihnachten und endet in den letzten Märztagen, im Skizentrum Mitterdorf nordöstlich von Freyung geht es zumeist schon Mitte Dezember los.

Restaurants

Preiskategorien

€ € € €	Drei-Gänge-Menü über 70	€
€ € €	Drei-Gänge-Menü 40–70	€
€ €	Drei-Gänge-Menü 25–40	€
€	Drei-Gänge-Menü bis 25	€

Niemand muss darben im Bayerischen Wald – das Angebot ist riesig, wenn auch nicht unbedingt gleichmäßig verteilt. Viele Hotels bieten eine teils fantastische Halbpension, es gibt sehr gute Landgasthöfe und natürlich auch die eine oder andere Enttäuschung, durchaus auch von Höfen, die besonders großflächig im Internet für sich werben. Selbst die insgesamt acht Sterneköche heben preislich nicht ab, sie kochen in Auerbach, Bad Kötzting, Bogen, Neunburg vorm Wald, Regensburg, Rötz, Teisnach und Waldkirchen (www.ostbayern-tourismus.de/Erlebnisse/Kulinarik/Sternekoeche).

Souvenirs

Das klassische wertige Mitbringsel hat etwas mit Glas zu tun: In Frauenau, Spiegelau, Zwiesel, Bayerisch Eisenstein und Bodenmais wird man leicht fündig. Für Kinder bietet der Nationalpark-Laden im Zentrum Lusen vom Stoffluchs bis zum Brettspiel eine bescheidene Auswahl. Viel breiter ist die Palette an Verzehrbarem: Angefangen beim Bärwurz und der Kräutervariante Blutwurz über Edelbrände gibt es auch Whisky und Gin aus dem Wald.

Sport

Aktivitäten aller Art sind keine Grenzen gesetzt: vom „Genussbiken" bis zum Berglaufen, vom Skilanglauf bis zum Ballonflug.

Ballonfahrt: Diese besondere Perspektive bietet u. a. Bayernhimmel an. Der Startplatz für jeweils ca. 1,5 Std. lange Frühfahrten (2–3 Std. nach Sonnenaufgang) und Spättouren (2–3 Std. vor Sonnenuntergang) liegt an Passaus Veste Oberhaus (http://bayernhimmel.de, ab 200 €).

Biker: Es gibt Mountain- und E-Bike-Runden und vor allem in Tschechien verkehrsärmere Strecken für Rennradfahrer. Eine Herausforderung sind die Etappen der Trans-Bayerwald-Route, deren Nordabzweig über Waldkirchen, Frauenau und Lam verläuft, die Südroute ab Furth im Wald über Sankt Englmar und Bischofsmais bis Passau (www.trans-bayer wald.de). Dutzende Vorschläge listen die Websites vieler Ferienorte wie auch www.bergfex.de oder www.outdooractive.com. Sollte im Nationalpark mal das GPS versagen: Die offizielle Karte führt alle 200 Radlkilometer an, auch im Šumava-Nationalpark. Grenzüberschreitende Routen siehe Infoseiten im Kapitel Passau.

Wandern: Allein im Nationalpark summieren sich Wander- und Radldistanzen auf Hunderte Kilometer – deshalb hier eine Auswahl. Der prominenteste Wanderweg der Region ist der Goldsteig, zertifiziert, prämiert – und

Eine Lichtstimmung, an der man sich nie satt-sehen kann – Sonnenaufgang vom Hirschenstein bei Sankt Englmar.

Info

Wetterdaten Regensburg

	TAGES-TEMP. MAX.	TAGES-TEMP. MIN.	TAGE MIT NIEDER-SCHLAG	SONNEN-STUNDEN PRO TAG
Januar	0°	-5°	10	2
Februar	3°	-3°	9	3
März	8°	0°	7	4
April	14°	3°	9	6
Mai	19°	8°	8	6
Juni	22°	10°	12	8
Juli	24°	12°	11	8
August	23°	12°	11	6
September	20°	9°	9	6
Oktober	13°	4°	9	4
November	6°	1°	8	2
Dezember	2°	-3°	9	1

grenzüberschreitend. Über 660 Kilometer führt nur die innerdeutsche Strecke von Marktredwitz bis Passau, insgesamt erreichen Alternativen und Zuwege über 2000 Kilometer Länge (www.goldsteig-wandern.de). Enger gefasst ist der Lamer Winkel. Seine Königsstrecke führt als Tageswanderung über acht Tausender und 6–7 Stunden. Mehr als 70 Wanderungen listet www.lamer-winkel.bayern.de, eine der schönsten führt ab Lam auf den Großen Osser (1293 m). Die Website www.bayerischer-wald.de sortiert Routen nach Themen: für Natur-, Tier- und Kulturfreunde, für Pilger, Familien.

Trailrunner: Die Gipfel des Mittelgebirges reichen vom Kaitersberg bis zum Dreisessel und vom Hirschenstein bis zum Großen Arber. Insgesamt 38 Berge erreichen Höhen über 1000 Meter, Trailrunner binden viele von ihnen in ihren Lauf ein. Entlang des Regens ziehen sich gut 70 Strecken, um Cham und Straubing jeweils mehr als 30. Der Arberlandultra-Trail geht über 64, der Auerhahn-Trail über 41 und der Arberseewand-Trail über 16 Kilometer – immer Ende September.

Wintersport: Wintersportzentrum im Bayerwald ist Bodenmais. Schneeschuhwanderungen und Skitouren sowie 114 Kilometer Loipen führen hier an die frische Luft. Das Skigebiet am Silberberg gilt als familienfreundlich; die Pisten am Großen Arber stellen auch ambitionierte Skifahrer zufrieden. Das Arber-Skigebiet erschließt insgesamt 11 Pistenkilometer (www.arber.de); das zweitgrößte Areal mit 9 Kilometer hält der Geißkopf bereit (www.geisskopf.de), gefolgt vom schneesicheren Skizentrum Mitterdorf (www.mitterdorf.info).

Sprache

Wer Freude an Sprachstudien hat, wird hier nicht enttäuscht – der noch weitverbreitete Dialekt wechselt unmerklich vom Oberpfälzischen im Norden der Region übers Niederbayerische zum Österreich-Nahen, kleine Eigenheiten leistet sich beinahe jedes Dorf. Der Fremde versteht, wenn sich die Einheimischen ungestört unterhalten, vermutlich nur Bruchstücke; tiefer einarbeiten könnte er sich mithilfe des Bayerischen Sprachatlas, der inzwischen auch in gesprochener Form vorliegt: www.sprachatlas.bayerische-landesbibliothek-online.de.

Wellness

Mehr als 50 Wellnesshotels bieten Zimmer und Bade- und/oder Saunalandschaften an. Ein Wellnesshotel hat fünf, etliche haben vier Sterne, alle bieten reichlich Luxus. Infos unter www.premium-wellness-bayern.de.

Das Haus der Bayerischen Geschichte in Regensburg zeigt, was den Freistaat so besonders macht.

Register

Impressum

1. Auflage 2020
© DuMont Reiseverlag, Ostfildern

Verlag: DuMont Reiseverlag, Postfach 3151, 73751 Ostfildern, Tel. 0711/4502-0, Fax 0711/4502-135, www.dumontreise.de
Geschäftsführer: Dr. Thomas Brinkmann, Dr. Stephanie Mair-Huydts
Programmleitung: Birgit Borowski
Text: Britta Mentzel
Exklusiv-Fotografie: Ernst Wrba
Redaktion: Christiane Wagner
Titelbild: Getty Images/Westend 61
Zusätzliches Bildmaterial: S. 26 Getty Images/Christina Krutz; 27 li., 99 u. laif/Dietmar Denger; 27 re. AWL Images/PhotoFVG; 27 u. Lookphotos/Konrad Wothe; 65 u. DuMont Bildarchiv/Ralph Lueger; 65 re., 79 o. (2) DuMont Bildarchiv/Peter Hirth; 75 re. Mauritius Images/Martin Siepmann; S. 81 o. li. Ulrich Hau; 86/87 laif/Thomas Linkel; 108 re. Huber Images/Reinhard Schmid; iStockphoto 5 u., 39 o., 55 o., 71 o., 80 o., 85 o., 99 o., 113 o., 114 o., 115 li. u.; S. 109 re.: © VG Bild-Kunst, Bonn 2020 für die Werke von Ádám Farkas und Gábor Véssey
Textquellen: S. 22, aus: Emerenz Meier, Mein Wald – mein Leben; 38 Adalbert Stifter, aus: Aus dem baierischen Wald (1867); 70 aus: Sonja Silberhorn, Regenwalzer, Köln 2012; 75 Harald Grill, in: Waldbuckelwelten, Amberg 1997; S. 102 Sigi Zimmerschied, zit. nach: www.brandeins.de/magazine/brand-eins-neuland/geh-weiter/nicht-so-geschmeidig
Grafische Konzeption, Art Direktion: fpm factor product münchen
Layout: fpm factor product münchen
Cover Gestaltung: Neue Gestaltung, Berlin
Kartografie: © MAIRDUMONT GmbH & Co. KG, Ostfildern
DuMont Bildarchiv: Marco-Polo-Straße 1, 73760 Ostfildern, Tel. 0711/4502-266, Fax 0711/4502-1006, bildarchiv@mairdumont.com

Für die Richtigkeit der in diesem DuMont Bildatlas angegebenen Daten – Adressen, Öffnungszeiten, Telefonnummern usw. – kann der Verlag keine Garantie übernehmen. Nachdruck, auch auszugsweise, nur mit vorheriger Genehmigung des Verlages. Erscheinungsweise: monatlich.

Anzeigenvermarktung: MAIRDUMONT MEDIA, Tel. 0711/4502-0, Fax 0711/4502-1012, media@mairdumont.com, http://media.mairdumont.com
Vertrieb Zeitschriftenhandel: PARTNER Medienservices GmbH, Postfach 810420, 70521 Stuttgart, Tel. 0711/7252-212, Fax 0711/7252-320
Vertrieb Abonnement: Leserservice DuMont Bildatlas, Zenit Pressevertrieb GmbH, Postfach 810640, 70523 Stuttgart, Tel. 0711/7252-265, Fax 0711/7252-333, dumontreise@zenit-presse.de
Vertrieb Buchhandel und Einzelhefte: MAIRDUMONT GmbH & Co KG, Marco-Polo-Straße 1, 73760 Ostfildern, Tel. 0711/4502-0, Fax 0711/4502-340
Reproduktionen: PPP Pre Print Partner GmbH & Co. KG, Köln
Druck und buchbinderische Verarbeitung: NEEF + STUMME GmbH, Wittingen, Printed in Germany

FSC
www.fsc.org
MIX
Papier aus ver-
antwortungsvollen
Quellen
FSC® C001857